博客思出版社

投資理財12

地表最強！
TiN's 東京房市 教戰手冊

東京置產不可不知的**68**件事

陳適群(TiN) /著

- 華人圈最專業、詳細的東京置產工具書

- 艱澀難懂的購屋技巧，一看就懂。
  業界獨特的暗黑情事，犀利戳穿！

- 進出市場多次，經手案例無數。
  在地眼光，精準剖析房市動態！

給「投資者」的你

這幾年台灣人瘋買海外房地產，坊間的相關書籍也如雨後春筍般地冒出。然而，這些著作絕大部分都是由業者相關人士所出版，內容也多以業者的立場來闡述、宣揚購買海外房產的理念。但建商、房仲或是代銷「業者」的立場，與「投資者」的立場，在某方面來講，其實是相對立的。業者在乎的是「量」，但投資者在乎的，卻是「價」。業者必須有成交，才有佣金可收。但投資者則必須要買得便宜、賣得貴，收的房租要夠多，這筆投資才可說是成功。也因此，業者口中的「房市好」，常常代表的是「成交量活絡」。台北房市近幾年掀起了一股降價讓利風，只要有降價的個案，就會吸引許多自用型買盤進場購買。這樣的市況，在業者眼中，就是「房市好」。但，看在投資者的眼裡，不就代表著得「賠錢賣屋」的意思嗎？

我曾經與某位有30年房仲歷練的前輩去參觀東京某個建案。前輩看完這個案子後，就一直誇口說這個案子棒，但我卻越看越覺得它糟糕。怎麼辦？我的想法居然與前輩完全不同調！當下，我甚至嚴重懷疑自己的看屋眼光，信心受到極大的打擊。事後，我詢問了前輩為什麼這麼看好這個案子，他給了我幾點分析，說明了這個案子的幾個賣點，是台灣人很喜歡的，因此一定「很好賣」！我懂了。他所謂的「好」，是「好賣」！而我心中所謂的「好」，則是「好住」或「會賺錢」。

仲介「好賣」，可以輕鬆賣給台灣人的案子，不見得就是「好住」的案子，也不見得就是會「獲利賺錢」的案子。這間房子裝潢得很漂亮，相信只要來看屋的台灣人，都會被迷得心

花怒放，然後就簽下去了。但仔細看下去，你就會發覺這裝潢其實根本不實用，房子內幾乎沒有什麼收納空間，動線也很差。雖然規劃成樓中樓的產品，但兩層的面積都過小，使用上也很不方便。此外，這個區域並不是日本人心目中的好區，而且價位也稍微偏高，因此之後要賣掉賺價差的可能性也不大。但台灣人就是喜歡這種熱鬧方便的地方，也難怪前輩會判斷説這個案子「很好（賣）」。

我本身長期投資不動產，因此下筆的角度，完全是站在「投資者」的立場來分析市場以及物件的好壞。託台灣人瘋買東京屋的福，筆者有幸於 2014 年與 2016 年分別出版了《快狠準！東京買房最強攻略》與《魯蛇翻身！東京買房最強攻略》兩書，透過這兩本書，有幸結識了同為「投資者」立場的東旭國際，他們的私募基金正是以「投資者」的身份來購買東京的不動產。也因此，東旭當時訓練員工分析東京房市時，就是把我的著作當作教科書，列為他們公司的「必修課程」。2017 年，托各位讀者的福，這兩本著作銷售一空，從市面上絕版了。東旭聽聞此訊，認為市面上不該缺少這樣的好書，極力鼓勵我再度出書，促使這兩本已經絕版的書籍再以全新的面貌與各位讀者見面，在此特別感謝東旭的鼓勵。

本書嚴選前兩本著作內的重要篇章，大幅改寫、更新成最新資訊，並加寫 20 篇全新篇章。相信本書一定能幫助身為「投資者」的你，更加了解東京不動產市場的整個輪廓。決策時掌握全局，才能趨吉避凶，免去不必要的損失與煩惱。畢竟，不懂市況、稅制以及法律，不就等於是連規則都不懂，就在打棒球。這樣，你會有勝算嗎？祝各位讀者投資順利賺大錢。

CONTENTS

產品篇

稅制篇

┃破解篇┃

┃特別篇┃

觀念篇 ———

買房，日本人跟你想得不一
樣。把台北那套搬到東京，不
一定就適用！

本篇告訴你日本置產不可不
知的基本常識，助你贏在致勝
起跑點上！

1
Concept

1-1

「錢」進東京

　　約莫是 2009 年左右開始的吧！台灣人瘋買日本房地產，也好長一段時間了。套句專家們常講的，房市循環的週期，大概是七年一循環。不過這週期，似乎有越來越長的現象。台灣這一波房市循環的起漲點從 2003 開始，一直至 2015 年才正式宣告反轉。日本上一波的房市循環則是在 2012 年落底，從 2013 年起開始了另一波房市的起漲，直到目前 2018 年都還未有反轉的跡象。

台灣人，為什麼狂買東京屋

　　台灣的房市從 2015 年開始步入空頭期，「房價只漲不跌」的神話也跟著破滅。也就是說，在台灣房市中，想要靠賺價差獲利的模式已經形同死路，這也因此而加速了台灣人的錢，投資海外房地產的意願。

　　東京隨著 2013 年申奧成功後，就吸引了其他亞洲各國的華人投資客相繼投資，而台灣人則是存在感最明顯的一群。台灣人會這麼積極買東京？除了台灣人本身對於日本的喜好外，更因為日本有量化寬鬆、奧運利多等題材等理由，導致這幾年來

還是陸續有許多台灣投資者以及國內、外基金積極前進日本房市，即便房價已經漲了一波。

台日觀念大不同

華人們愛買房置產，但日本人對於不動產的想法，以及整個市場的生態，其實跟華人國家對於房地產的思維很大的不同。日本大多數的人民，買房是為了自住，而大多數的華人，則是把房屋當作是投資兼自住的商品，因此華人購屋時會把「投資增值」看得比「自住」來得重。就是因為上述觀念不同，使得這幾年亞洲各個主要都市的房價漲到恨天高，但即使現在東京都心精華區的房價已經突破 2007 雷曼風暴前的高點，甚至新建大樓平均售價也突破了 90 年代泡沫時代的均價，但整體房價漲幅卻不像華人國家這麼「勇猛」。若從所得比等面相來看，東京的房價目前還是比台北、香港、大陸一線城市還要親民。

東京的房地產，不再是負資產

東京房市從 2013 年開始起漲至今，價位上漲因產品，區域而異。少則 20%，多則一倍以上。那，東京漲了那麼多，現在「錢」進東京還是個好選擇嗎？這個答案我沒辦法給讀者各位，因為每個人的資產配置方式不同，風險的承受度也不同，買屋的目的也不同，因此最佳解答因人而異。但我個人認為，即使今後漲幅有限，但要大跌也是不太容易的。因此就資產配置上而言，東京仍是一個很好的選擇。

　　理由是：從 2012 年開始的安倍經濟學觀察至今，東京的房地產，似乎已經脫離了通縮時代「只會下跌」的魔咒，因此東京精華區的房地產也從只會跌價折舊的「消耗品」，逐漸轉型成為可以儲存財富的「資產」，甚至在遺產稅稅改後，還可拿來作為節稅以及收益的「投資工具」。比起正在下修的台灣房市；比起法令不怎麼健全的一些中南半島、南洋群島等國家，東京可以說是一個上上之選。（我說東京精華區喔，不是日本喔，日本很多地方房價仍持續下跌）

　　人口，是房地產市場有沒有支撐的一個重要指標。雖然日本少子高齡化嚴重，人口日益減少，但仍持續有許多鄉村地方的年輕人流入東京工作，這也讓東京的人口一直維持正成長。再者，日本近幾年勞動人口不足的問題日益嚴重，日本對於外國籍人士來日本工作的態度也逐漸採取開放的態度。根據日本法務省的「在留外國人統計」，目前長住在日本的外國人人口（包含工作以及留學等），就從 2010 年的 208 萬人，激增到了 2017 年的 247 萬人，佔了日本人口比例的將近 2%。而這些外國人有很高的比例，是住在東京等都會區的。外國人當然也有住的需求，無論租或買。這些流入東京的人口，也都是穩住東京房市的要因之一。

1-2

現金流，台北東京比一比

前一陣子有個住在台北市的朋友問我，說：由於他現在已經工作穩定，剛好租的房子約期已滿，所以考慮乾脆轉租為買，在台北市擁有自己的小窩。他說：「現在租一間 15 坪的小套房，一個月 17,000，總覺得錢都繳給房東花，很可惜。如果買下來，至少貸款是繳給自己」。聽他這麼說，我立刻就跟他講，不會不划算，先租沒關係。除了現在台北市房價很高之外，稍微算一下，就知道租比買划算。

以現在這位朋友他台北市想要購買的地段，15 坪的小套房，至少要價 1200 萬。如果這間，他買下來，扣除頭期款三成後，房貸是 870 萬。保險一點，利率以 2.4% 計算，貸款 20 年，每月應付本息為 45,679 元，而其中送給銀行花的利息部分，就高達 17400 元。看出來了嗎，同一個物件，用租的只要一萬七，用買的，你每個月還多拿 17,400 元當作利息送給銀行花。當然，租比買划算。

現金流，台北「負」，東京「正」。

相信大家都聽過「現金流（Cash Flow）」這個字。上述台

北房產的例子，其現金流是負的，租金還不足以幫你繳房貸，甚至連利息都不夠。如果這種產品在不會漲價的前提下，是無法順利讓你的財富穩健增長的。來，把角度轉向東京。1200 萬的產品，若實際投報率為 5%，則每個月租金則為五萬。完全相同的情形，相同的金額，台北市投報率卻只有 1.7%。也就是相同的一筆錢，放在東京房市，你的現金流會是正的。

（投報率計算方式下節詳述）

	台北	東京
房價	1200萬	1200萬
租金	1.7萬	5萬
房貸應付本息	45679	45679
每月淨損益	-28670	4321
投資報酬率	1.7%	5%

　　到 2012 年為止，為什麼在台北，上述的「低投報」、「負現金流」的情況會成立呢？難道台北投資客是蠢蛋嗎？當然不是。那是因為到 2012 年為止的情況，是「台北房子會漲價，但日本房子會跌價」。台北的投資客之所以可以忍受 1.7% 的低投報率以及負的現金流，就是因為他們的目的只是要賺差價，都只是炒短，賺到差價就落跑了，誰管你現金流正的還是負的，轉賣時賺個幾百萬才是重點。但因為東京當時的經濟環境下，房地產是賺不到差價的，因此日本的包租公投資客們會將焦點聚焦在高收益、高投報上。

房價漲，租金沒漲！小心死亡交叉。

東京的房價自 2013 年至今 2018 年也漲了許多。房價漲，若租金沒跟著上漲，這就意味著你要繳的房貸更重了。若以上述的例子來說，當房價漲破 1,362 萬（貸款七成約 953 萬、利率 2.4%）時，你每個月應繳房貸的本利和就會突破 5 萬（實際為 50,036 元）。這個數字，就代表現金流開始進入負值的死亡交叉。如果現金流為負，光是靠房租是無法繳完全償還房貸的，必須自己另外掏錢出來。這時，可能就得重新評估，是否仍要進行這項投資了。

東京：（房價漲至 1362 萬）
租金沒漲仍維持 5 萬（→投報率降至 4.39%）
租金收入 50000- 房貸應付本息 50,036= -36 （死亡交叉）

也就是說，如果你看好這個房屋後勢的漲幅，就使用上述台北賺價差的邏輯來投資，勇於買進。但若你認為這個房屋並沒有漲價的可能性，甚至還有可能會跌價，扣掉交易成本、稅金成本，到時候很有可能只是白忙一場！

1-3

高投報背後的真相

　　每個鼓吹海外置產的業者，總是說「東京收租高投報率」，客戶向我詢問物件時，也總是說：「我要買好地段，好收租，又可以穩定收取高投報的產品」。嗯⋯⋯我能了解您的心聲，畢竟買房都不是一筆小錢，想要挑個面面俱到的產品，當然是人之常情。不過⋯⋯這種產品根本不存在！有啦，這種產品只會出現在像是金融海嘯那種很差的時機。因為經濟差，大家賠錢，所以有些屋主為了週轉，只好把好地段，好收租的穩定收租的產品拿出來便宜求現。不過您還記得嗎？當時新台幣兌日圓的匯率可是高達 0.37 喔。

「投報率」怎麼算？

　　進入主題前，請先容我說明一下，什麼叫做「投報率」。房地產的投報率，指的是「相對於你付出的房屋總價，你每年可以收回多少的租金」。其實說白話，就是你的「房價生出來給你的利息」啦。如果一間總價 1,000 萬的房子，可以每年收租 100 萬，那麼他的投報率就是 10%。也就是說，你的租金如果可以收得越高，投報率就會越高。

> 投報率（Y）的計算＝年房租收入（R×12）÷購屋總價（P）

　　數學好的朋友，一看到這個公式，應該就反應過來了。今天如果租屋市場景氣不變，租金（R）沒漲沒跌，那麼，房價（P），將會是影響你投報率（Y）高低的關鍵。P 值越高，Y 值就越低。相反地，P 值若越低，則 Y 值就越高。例如上述房價 1,000 萬元的例子，如果房價漲了一倍，漲到了 2,000 萬，房租不變，那麼你的投報率就會掉到剩 5%（100 萬 ÷2,000 萬＝5%）。

　　相反地，如果房價跌到剩 500 萬，那麼你的投報率就會漲到 20% 之多（100 萬 ÷500 萬＝ 20%）。說穿了，就是「一個物件投報率的高低，取決於你物件的購入價格」。台北為什麼投報率會低，看過上面的例子，各位應該很清楚了，就是因為房價狂漲，而租金不變所帶來的結果。那東京為什麼高投報率呢？就是因為房價年年下跌，跌到 2012 年總算打底了，因此投報率會高。

高投報就代表高風險

　　日本人就是因為清楚了解房屋會折舊，而且喜新厭舊（有部分原因是耐震等因素），因此新屋越蓋越多，自然舊房屋就比較不討喜。在之前通縮的經濟情勢下，如果你想要賣中古屋，如果不把投報率做高（也就是不把房價降低），是不會有人願意接手的。尤其是小套房的產品更是如此，因為會買小套房的人，只有投資客，沒有自住客。在投資客的眼中，投報率才是

王道。因此，在房屋會折舊跌價的前提之下，如果不讓下個接手的投資客，在短期間（10~15 年）就回本，是不會有人願意承接的。

因為下個接手的投資客，他必須承擔：

1. **房價下跌。**
2. **房租下跌。**
3. **房屋老舊租不出去。**
4. **隨著屋齡越來越舊，每個月越來越高的管理修繕費用。**
5. **房屋老舊賣不出去繼續繳高額管理修繕費以及稅金。**
6. **難以取得各所有權人的共識，來改建老舊不堪使用的公寓。**

……等風險。因此實際上，「高投報」只是對於上述風險的一種補償作用而已。看到這裡，各位看倌應該很明白了，所謂的中古高投報的小套房，就是在這個前提之下產生的。表面上，可能可以收到 8% 以上的高投報，但實際上，這種物件的管理修繕費用，多半占了你的房租的 1/4 ～ 1/5，加上買房時的成本，稅金，請業務管理代管時的費用，以及空屋造成的損失，常常實際上精算後，你的投報率可能只有 4 ～ 5%。而且說實話，因為房租會隨著屋齡越來越舊，租金越來越低。因此，你現在表面上可以收 8%，並不代表你兩年後還可以收 8%。所以我才說「沒有穩定收租，同時又是高投報」的產品。如果你到日本的鄉下地方，想當然爾，那裡的租屋市場更差，空屋率更高，也因為這樣，房價也更便宜，所以鄉下地方常可看見投報率高達15%~20% 的物件。如果你真的只是追求投報率上的數字，那大可去接手這種物件。

那……可以穩定收租的房子呢？很抱歉，穩定收租的房子，就是新成屋或者是十年內新古屋，又或者是好地段，不怕租不

出去的產品。都心五區（千代田區、港區、中央區、新宿區、
渋谷區）剛完工的新建案，若戶數不是上百戶的那種，大概都
可以在三個月之內就滿租七～八成。也因為這種屋齡新，產品
地段好，因此價位貴，但相對它好租，穩定，所以投報率也相
對低。大概只有 4% ～ 5% 多。不過因為新屋狀況好，管理修繕
費用也不高，扣除少少的空屋期，以及各種費用，實際到你手
上的，可能也還有 3 ～ 4%。想當然爾，這種低投報的產品，還
可以幫你持續收租，穩定生錢生個 20 ～ 30 年沒問題，但是高
投報的中古物件，到底還能幫你收多久呢？就只能「讓我們繼
續看下去」了。

我不是說叫各位買新不買舊喔，而是說，兩種產品的操作
方式完全不一樣，但是絕對不會有「好地段，高投報，穩定收租」
的產品。

不過最近東京卻出現了一種很不好的現象，因為海內外散
戶投資客開始投資房地產，因此，有些爛產品、風險高的產品，
屋主也故意順勢開高價。一不小心，一沒做好功課，就會買進
「次等地段，不好收租，又低投報的產品」，這時可是真的會
讓你住套房啊（你買的套房只能自住）。

小心屋主玩弄投報率數值，開高價坑殺買方

開高價坑殺買方？有那麼容易嗎？其實很容易！只要稍微
玩弄一下投報率的數字遊戲，經驗不足的業餘投資客就很容易
上當受騙。這裡舉一個房價 800 萬日圓，變身為 1,370 萬日圓
的例子，來看看日本專業投資客的手法！

1、原本房租 6 萬日圓，若以投報率 9% 來算，房價就是
800 萬日圓。
（6 萬日圓 ×12 個月 ÷ 投報率 9%= 房價 800 萬日圓）

2、屋主先串通房客，跟房客解約，再簽一份 8 萬日圓的
租約，然後補貼房客 50 萬日圓。又或者房客根本就是
自己人，只是簽假合約。反正依照日本的借地借家法，
房客只要一個月前告知，隨時可以拍拍屁股走人。

3、若以房租 8 萬日圓來算，再把投報率訂為 7%（聽起來
還是很誘人），回推房價，就可變身為 1,370 萬日圓。
（8 萬日圓 ×12 個月 ÷ 投報率 7%= 房價 1,370 萬日圓）

4、若順利成交的話，屋主就可以多賺 570 萬日圓。這時
補貼個房客 50 萬日圓，等到房子賣掉過後，房客不想
住了，隨時都可以走。不止房東大賺，房客也大賺。

　　那您說，買的人都是笨蛋嗎？是的。當一個市場過熱的時
候，會有許多連投報率都不算的人，就直接搶進。尤其是現在，
新手投資客多，而且東京地區大，產品種類多元，很難拿捏出
真正的行情價，日本的實價登錄系統又比你想像中的差。假設
你今天不要看我上面的解釋，如果你只有看到一個則不動產廣
告，寫著：「1370 萬，22 ㎡（約 6.6 坪），年租金 96 萬，投
報率 7%，新宿區！」你會不會考慮買？依照台灣人一窩蜂，怕
買不到房子，恐慌的程度，答案恐怕是肯定的。

1-4

地方都市與大城市，投資手法大不同

近來耳聞許多台灣朋友勇於「錢」進非都會區的地方都市投資房產，理由莫過於這些地方，投報率都超高！這些地方都市或郊區以及鄉下地方，物件投報率有些還可以高達 15%，如果你是貸款來買物件，ROI（Return of Investment）甚至可以高達 25%，也就是四年，你的本金就回本。

地方都市與郊區，狠賺 25% 高投報

所謂的 ROI，就是「賺到的錢 ÷ 投入的本金」。嘿啦，就跟「投報率」的觀念是一樣的。只不過一般我們房地產講的「投報率」，指的是沒有貸款的前提之下所計算出來的「年收租 ÷ 房價」，而這裡的 ROI 是以你有貸款，使用槓桿操作時的角度所計算出來的投報率。

舉個例子，你在地方都市／郊區買個 5,000 萬日圓的一棟出租公寓，滿租時，每年若有 500 萬日圓的租金收入，表面投報率就是 10%。但如果你自備款 1000 萬，貸款 4000 萬，貸款 20 年，年利率 2%，那麼每年就是得還貸款約 240 萬（本利攤還），而留在你手邊的現金就大概是 260 萬。相較你的頭期款

只出了 1000 萬，你每年的現金流（Cash Flow），也就是流入手中的現金，就高達 260 萬，也就是 ROI 就等於 26%（260 萬 ÷ 1000 萬），那是不是順利的話，四到五年就回本了？

自備款：1000 萬

每年留在手邊的現金：每年租金 500 萬 - 房貸 240 萬＝ 260 萬

ROI：得手的現金 260 萬 ÷ 自備款 1000 萬＝ 26%

　　就這樣，1000 萬的本金五年回本之後，你的物件也還可以持續幫你賺租金，甚至你也可以選擇賣掉，看賣多少，你就等於淨賺多少。而又因為地方都市房價較便宜，因此適合資金比較不充足的投資客進場。因此日本也有許多專業投資客，根本不買都心物件，反而都專做這種地方都市 ROI 高的物件。

但，租不租得出去還是個問題

　　這些地方都市或郊區的物件，有個很恐怖的陷阱。日本雖然景氣轉好，但是日本整個國家的大趨勢，就是人口持續減少。人口減少，而且勞動力又一直往大都市移動，因此鄉下地方沒有人。沒有了人，就沒有人繳稅。沒有繳稅，地方政府就沒有稅收可以維持基礎建設。然後又因為沒有基礎建設，使得生活很不方便。這又讓當地的人更沒有留下來的意願……就這樣惡性循環，導致日本有許多偏鄉地區甚至面臨了滅村的危機。這樣，你投資這裡的物件，光有極高的投報率，但實際上卻完全租不出去，這樣，有用嗎？

雖然從總體上看來，地方都市似乎碰不得，但如果你能夠從地方都市的局部區域中，找到人口有在增加，或者人口穩定的區域，其實反而是個投資的潛力區，不一定只有「都心才是王道」。換個角度想，如果是在地人，又很了解自己當地的環境變遷，那，不投資還真的很可惜，因為你比起外來的投資客，更了解這個地方的市場，當然成功的機會就比別人高很多。

學區宅是票房保證？

在我們台灣，常常覺得學區套房就是票房保證。因為只要有學生在，就會有人住。的確，台灣很多學區的出租投報率都超高。在日本，雖然說只要有大一新生入住，就很有可能這四年都不愁沒房客，且因為日本要收高額的押金禮金，甚至有些房東還會要求入居學生加入「房租保證」（家賃保証会社）的保險，因此還要額外多一筆高達數萬日圓的「保險金」（就是出租客加入保證公司，如果租客付不出房租，保證公司會先代為賠償，再向租客催討），所以學生閒著沒事也不會亂搬家。但一旦錯過了新學期開始前，也就是一月份到三月份之前的租屋黃金期，一旦找不到租客，你的房屋很有可能就要空一整年。

另外，最近日本因為受到少子化以及地震的影響，很多學校為了招生，特別打出自己的學校地點多好多好，離都心很近等，而將校園逐漸從郊區遷往都心。另一方面，也因為前幾年311大地震時造成太多人無法回家，因此無論是買房，或是學校的校區設立，都有了都心回歸的傾向。所以如果這個地區，只有一種需求來源，那只要這個需求來源不見了，你的投資可

就要化為泡影了。因此我反而不建議郊區的學區，除非您對這個地方很熟悉。但如果是都心的學區呢，像是最近漲翻天的中野車站週邊，由於明治大學，帝京平成大學，以及早稻田大學都已在此設立新校區，而且周遭商業環境已成熟，反倒不用擔心上述的學區缺點。

鄉下地方的人口外流是事實，流入東京人口變多也是事實。加上東京還有奧運利多等題材，因此房價相對安定很多。如果你是要求穩定，但不多的租金報酬，以及房價保值，那當然買東京都心。如果你要求的是高額的現金流，而你也有辦法讓自己的房子滿租，當然就去買地方都市，反正四年就回本，到時回本後，若可以繼續出租最好，或者你也可以選擇就把它賣掉，這時怎麼賣都怎麼賺啊！

1-5

房子舊了，就該跌價的「通縮思維」

常常聽人説，日本的房子，價位只會下跌，根本不會漲。沒錯！日本人，什麼都喜歡新的，甚至有很多首購族在找房子的時候，壓根兒都不會想到要去看中古屋，只會去看新屋。而大多數的日本人也普遍認為，房子，其實就跟一般的產品或買車子一樣：全新的，就是有一種無可言喻的魅力在，就像你買一個全新皮革包包一樣，光是聞那個味道就有一股幸福感。而這房子一旦有人住過，就等於是人家用過的二手包包一樣，沒有那種新東西的感覺，甚至還有前人的「味道」在。

中古屋為什麼會下跌

房仲以及銀行在針對中古屋估價時，只要高達一定的屋齡（木造約 22 年、鋼筋混凝土約 47 年），大多無視於屋況是否維持良好。只要房子太舊，都直接略過房屋的價值，只估算土地價格。也因此，日本人對於舊房屋普遍的評價都不高，自然在中古市場，也不會有買家願意出太高的價錢去買。在這樣的業界習慣以及民眾觀念下，新成屋變中古屋時，房價當然就只會下滑。

　　舉個例子來説：在日本買一間 3,000 萬日圓的房，其資產下滑率大約如下：

購買價格：3,000 萬日圓
入住後　：2,700 萬日圓
3 年後　：2,500 萬日圓
5 年後　：2,300 萬日圓
１０年後：1,800 萬日圓

　　隨著屋齡越來越老舊，房子也越來越不值錢。根據上述試算，在日本買房子，你還房貸的速度，還遠不及資產下滑的速度。況且，日本「之前」的經濟情勢處於「通縮（通貨緊縮）」狀態長達二十幾年。通縮的環境會導致「東西越來越便宜。今天不買，明天會更便宜」。所以最好的投資，並不是去買任何金融商品或資產，而是讓你的現金「睡」在銀行，就算它沒利息，但因為東西越來越便宜，過了幾年後，實質上的購買力還是增加的。

當「通縮」變「通膨」時

　　但「通膨（通貨膨脹）」剛好與上述的「通縮」相反。「通膨」就是「貨幣價值變低，物價變貴」。因此在通膨環境下，錢不要放在定存，要拿去投資商品或房地產，才可以抗通膨。

　　雖説日本現在的經濟大環境還無法説是完全脫離了通縮，但根據日本的財務相麻生太郎 2017 年 11 月的説法：「雖然不

能稱得上是完美，但這五年來的確逐漸脫離了資產通縮」。也就是說，不動產等實物資產以及股票等金融資產，已經不再跌跌不休，逐漸進入了「資產通膨」的循環階段了。但已經習慣通縮思維 20 幾年的日本人，短時間內腦袋還無法轉過來，依然還是有那種認為「房屋不是資產，而是消耗品」的觀念在。

看看歐美，美國人並不認為房屋折舊後就會跌價。實際上，在美國的中古屋市場，只要房屋狀態維持良好、或者整修改良過，屋主賣屋時，甚至還能賣到更好的價錢。而且還聽說有些美國人還不喜歡買新屋，因為他們認為，沒人住過的房子，你怎麼知道會不會有問題。有人住過的中古屋，反而已經有先前的住戶幫你測試過房屋的性能了，買這些人家用過的，反而更有保障。歐洲國家也是，許多歷史高達三、四百年的房屋，反而價位還比新屋來得高。也就是說，其實日本人壓根兒認定的「房價會跌」，其本質上並不能完全歸咎於「房屋折舊」，而是因為「通貨緊縮」以及「維護不佳」的結果。

1-6

購屋停看聽，耐震基準是關鍵

　　日本是一個地震頻繁的國家，對於購屋者而言，耐震基準是一個很重要的考量點。當然，日本人選購住宅時，除了考量交通方便，環境因素等以外，在歷經 311 強震之後，大家更是將建築物的耐震性，擺在購屋考量的第一順位。抗震科技日新月異，最近的新屋，除了一般的「耐震」設計外，又有「制震」設計，以及「免震」設計，也就是在地震搖晃時，甚至可以讓你感覺不出在搖。像是位於灣岸地區等地盤較不穩定的地區，建商所蓋的超高層，也大多採取了免震大樓的設計。

四個時期的耐震基準

　　那如果你是購買的是中古屋呢？耐震性有像新屋這麼好嗎？其實也有一個判斷基準的期限喔。日本於 1981 年（昭和 56 年）6 月 1 日起，實施了新的建築基準法。這個時間點以後「獲得建築確認」的建案，一定就是基於「新耐震」基準來設計建築的。而這之前的就稱為「舊耐震」。所謂的新耐震，是以震度 6 以上的地震都不會倒塌為基準的，但舊耐震就沒這麼高了，只保證你到震度 5 而已。因此許多購屋客，只要看到物件資料上顯示 1981 年 6 月以前的物件，連看都不願意看。實際

上在 311 強震時，很多地區的新耐震物件都沒受到什麼損壞，但是舊耐震的，損毀的程度就高一些了。

如果你要求更嚴格一點，可以選擇 2000 年 6 月以後獲得建築許可的案件，這個時間點又有一次更嚴格的改制，一般稱之為「新新耐震」。就算你不擔心地震問題，選擇中古屋時，也盡量不要挑 1971 年 6 月之前的房子，這之前的房子，規制最鬆散，又稱為「舊舊耐震」。

1971年6月	1981年6月	2000年6月	
舊舊耐震	舊耐震	新耐震	新新耐震

不過看日期時，要稍微留意一下。我曾經有一位客人需要在東京買個辦公室，因此當他看到一個 1982 年 6 月完工的商辦，就興致沖沖地說他要買。因為他也知道，看這個日期，應該就是新耐震基準的物件。不過注意喔，這裡的「1981 年 6 月 1 號以後」，指的是在這之後「獲得建築確認」（拿到建照）的物件，也就是說，很有可能這個物件完工時間是 1982 年 6 月，但實際上獲得建築確認的時間卻是 1981 年初。因為我看他要的那個物件的規模，實在不像是一年內可完工的案子（也就是不太可能是 1981 年 6 月拿到建照，而 1982 年 6 月就完工）。事後調查後，果然，這個是舊耐震基準的案子，所以這位客人到最後也決定不購買，因為新耐震的案子，市場價值跟舊耐震差很多。

1-7

日本當房東一定要懂的「借地借家法」

　　大家都說，在日本當房東很好，租金高、需求旺、又有「禮金」以及「更新料」可以拿。但就是因為這樣，日本的法律很保護房客，但似乎對於房東，就比較嚴苛一點點了。有別於台灣的租賃還是走「民法」，日本有一套比起「民法」還要嚴格的租賃專法：「借地借家法」。你在日本租房子給人，如果想收回來自用是不行的，你趕不走他。但如果他想要搬走，他卻可以隨時就拍拍屁股走人。所以啊，日本當包租公，其實沒有你想像中的輕鬆。

民法的租賃契約

　　我們先來看看日本民法的規定好了。因為並不是所有的房屋出租，都適用很嚴格的「借地借家法」。如果只是租房子裡面的其中一個房間，又或者一時使用的租借，或者無償使用時，是不適用的。

　　民法上，如果你要向第三者主張你的租借權，需要登記。且租借契約無法超過 20 年，並且歸還土地或建物時，需要回復原狀。另外，民法上，雙方想要在期限內解約，需要「三個月前」

就提出，才可以解約。但之後要敘述的借地借家法，遠比民法嚴格多了。

借家法的租賃契約

借地借家法，顧名思義，就是分成租土地的「借地」跟租建物的「借家」。「借地」的部分，屬於購買借地權物件時會遇到的的問題，放在下一節詳述。本篇僅針對租屋（借家）部分來敘述。

有別於民法的租借權需要登記，借地借家法中，今天只要你從房東那裡拿到房間的鑰匙，也就是有「交屋」這個過程，就可以對第三者主張你的租借權。什麼意思？也就是説，如果有一天你的房東，將房屋賣給C先生，那C先生就不能主張説：「合約是你和舊房東簽的，干我屁事，你給我滾蛋！」也就是你不需要任何權利上登記，就可以向新房東C先生，主張你有租這間房屋的權利。換個角度想，也就是如果你現在在日本購買了一間帶租約（Owner Change）的物件，你也趕不走這個房客的。因為前屋主有交屋給房客，只要這個房客有鑰匙，就享有借地借家法的保護。此外，就期間部分，也不像民法只有 20 年的限制，你要簽幾年就幾年，沒有上限。

房東想要趕人，可以嗎？

那假設你的合約簽兩年，但卻想要中途解約呢？那屋主就必須要「六個月前」就得告知房客，且同時要有「正當理由」

才可以解約，但房客只要「一個月前」講，就可以解約了，不需要「正當理由」（原則上合約書上有寫日期，租客就無法提前解約，但實務上合約都會加註租客可中途解約的條款）。而屋主想要解約的「正當理由」，可不是你講了就算的。「阿我要自己住啊」，「阿我房子要賣，人家要買空屋啊」，「我房子想要跟隔壁的一起都更發大財啊」……。這些可能都構成不了「正當理由」！看來，如果租客硬是不搬走，你只能跟他協商，給他一些搬遷費。若租客還是不願意，就只能打官司了。「那還不簡單，簽合約時事先寫好就好啦！」這可行不通喔，凡是違反借地借家法，且不利於租客的特約，一律無效喔！

房東想要漲房租，可以嗎？

除了上述保護房客的措施以外，如果你想調漲房租，還不是你說調，就可以調的。如果租客不願意讓你漲，還得經過調停，調停不成還得打官司，因此一旦你簽了約，只要他不走，很有可能就得一直以目前簽訂的租金價位租給他，如果他想住到死，你也只好認了。簽約時寫特約？一樣「不調漲房租的特約，有效！不調降房租的特約，無效！」之前我曾經就有一個客人，打著「漲他房租逼他搬走」的主意，這在台灣或許行得通，在日本可行不通啊。（PS：不過在實務上，有些租客並不是很了解自己在法律上的權益，有時候契約更新時，你給他一紙漲房租的通知，他也乖乖讓你漲。當然，也偶爾會遇到精通法律的租客，他就完全不會甩你了。

退租後，房客要你付裝潢費！

至於退租後，回復原狀的問題呢？基本上如果房客是經由房東同意，而加裝冷氣，或者重新鋪地板等的，那麼房東有義務要在收回房子時，向房客用行情價購買回，因為租客擁有「造作買取請求權」。還真的是吃人夠夠啊，不過幸好，簽約時，這一條可以藉由特約排除。

也就是因為在日本當房東，法令保障租客這麼徹底，所以才有「禮金」跟「更新料」這些名目的收費，讓房東可以多收一些錢，來彌補自己權利上的損失。

何謂「禮金」？何謂「更新料」？

來，稍微補充一下這些名詞。所謂的「禮金」，就是租屋時，你送給房東花的一筆錢，大部分為一個月的房租。不同於「敷金（押金）」可以收回，「禮金」是收不回來的。也就是説，一般日本人要租屋時，就要先準備「一個月禮金」＋「兩個月敷金（押金）」＋「第一個月的房租」，一次就得拿出一大筆錢，也難怪看了咒怨後，就知道為什麼日本人就算租到鬧鬼的房屋，都不想輕易搬走了（開玩笑）。

另外，「更新料」就是契約滿兩年後，「契約更新（續約）」時，房客所要額外支付給房東的一筆續約費用。行情也大概是一個月的房租。也是送給房東花的，感謝房東將房子租給你，而他自己犧牲掉了房屋使用的權益。如果房客不想付「更

新料」，也大可拍拍屁股走人，不過別忘了，房客租新房，也是需要付「禮金」的。

雖然在日本當房東，可以有「禮金」以及「更新料」可以收，看起來很好賺，但了解借地借家法後，就知道，這些收費充其量都只是對於房東損失的權利的一點補償而已。比起房客，房東每個月還得繳那高額的管理修繕費用，每年還得繳固定資產稅以及都市稅，房間設備故障了，房東還要去修理……。況且，隨著經濟環境的變遷，以及租屋競爭越來越白熱化，現在已經有許多房東甘願不收禮金以及更新料，為的只是早日將房屋租出去了，因此這兩筆費用，今後你是否一定收得到，那可就不一定了。其實包租公、包租婆並不是那麼好當的呀！

房東沒給仲介廣告費，房子租不掉

另外，這裏再偷偷講個業界祕辛好了。有時候如果你的物件是小套房，即使仲介幫你找到房客，這仲介其實也賺不了什麼錢。因為說實話，相對於東京的高物價，你那一個月房租的仲介費，進到公司後，再實際落入業務本人手中的錢，還真的是少得可憐啊。因此很多仲介其實都沒有很努力地幫小套房的屋主找租客，還倒不如去介紹大間的，都是一樣的工，大間的抽比較多啊。除非你多支付一筆廣告費給仲介，因為有多一點錢，仲介才會顯得比較有意願幫你專心找客人。也因此，這筆屋主多收進來的「禮金」，根本常常都是整筆拿去支付給仲介公司當廣告費的。因此計算投報率時，傾向別將這兩項收入算進來比較好。

定期租借合約

　　日本租屋，真的趕不走房客嗎？當然，如果你真的只是一時性地無法居住，但過兩三年後，要給留學子女自用的話，那不妨可以考慮跟房客簽「定期建物賃貸借（定期租借合約）」。這種合約就是約期到了不再更新，只要合約到期的前半年，屋主通知租客不再續約，大家到時就自動說掰掰。不過由於大多數日本人視搬家為一種壓力，因此很多租客不願意簽這種合約，且一般來說，簽這種合約，因為對租客保障比較少，因此房租都會比市場行情低，因此簽這種約是否划算，就得細細打一下算盤了。

1-8

借地權物件，投資新選擇

一間房子的價格，不能只看總價。它的價格構造分成「土地」與「建物」兩個部分。這兩個價格的總和，才是你的「房價」。「建物」會隨著經年累月，越來越沒價值，但「土地」則沒有折舊問題。因此「建物」是消耗品，「土地」不是。也就是因為這樣，日本買屋時，只有「建物」的部分會被課「消費稅」，因為建物才會被「消費、消耗」，土地則不會。因此，不動產真正保值的部分，不是「建物」，而是「土地」。

借地權物件，跌價快

所謂的借地權物件，指的就是你擁有的，只有「建物」部分，以及一個「承租土地的權利」而已。土地並不是你的，而是租來的。這樣的物件，因為售價部分不包含土地價格，因此購入成本會便宜很多，多半會是市場行情價的六～八折。

在台北房價高漲的時代，幾年前有些建商打著房價 1/2 的地上權建案，說是為了年輕人買屋著想，要給年輕人一些希望。但……真的是這樣嗎？冷靜思考一下，這種產品，你擁有的只有「建物」部分，並沒有擁有「土地」部分。因此依照上述的

邏輯，房價只會隨著折舊而越來越低，到年限後「歸零」。

這樣的房子，日本可以買嗎？那就看你怎麼想囉。自住的話，基本上我個人不會買，因為自住無法收益。不過若從投資的角度，由於日本的獨特的借地借家法保障，或許是個不錯的投資標的。

舉個例子來說：2012 年，西新宿有個總戶數 179 戶的借地權的案子，它是跟神社借地來蓋房子的一個建案，生活機能、交通與環境都很棒。它 38 ㎡（約 11.5 坪）的房型，一間 2,790 萬日圓。一平米等於 73 萬日圓。以西新宿這裡的塔式高層大樓的價位，新的平米單價至少要 110 萬日圓起跳的話，這個物件根本就是六～七折價。因此這裡一推出，就搶購一空。以投資角度來說，這一間要租到一個月 18 萬日圓不是問題，甚至可能更高。因此扣除種種費用後，只要 15 年，你的本金就回本了，而這是 70 年的定期借地權，也就是扣除前面的 15 年，後面 55 年，你租多少，就等於是淨賺多少。只不過，這個產品屬於 1992 年後實施的新法「定期借地權」，也就是到時候轉賣時，如果地價漲很大，一切都與您無關（因為你沒有土地）。而且 70 年一到，你就是一場空，什麼都沒有。

上述這個物件，屬於「定期借地權」，比較保護地主。一旦契約期間終止，我們買房的人，是無法更新土地部分的租借契約，必須無條件把土地回復成空地還給地主。因此 70 年後，你留下手邊的，就是後面 55 年的房租而已。歐，可能不到喔！因為你還要把房子剷平還給地主。

借地權，目前分三種

嚴格來說，日本現在借地權總共分成「舊法借地權」、「普通借地權（新法令）」、「定期借地權（新法令）」三種。為了法律上實施的過渡期，現狀還是有「舊法借地權」的存在。下面我們就來看看這三種借地權的簽約期間規定。

一、「舊法借地權」（1992 年 8 月 1 號前簽訂的契約）

最少簽 30 年。若簽署時，沒訂定時間，則視為 60 年。期間到後第一次更新也是得簽 30 年。期間中建物滅失再建需要地主同意。

二、「普通借地權」

最少簽 30 年，期間到後第一次更新最少簽 20 年，第二次以上更新最少必須簽 10 年。地主沒有正當事由不得拒絕更新。若於最早契約中的 30 年當中（例如第 25 年），建築物若滅失，若地主同意你再建，則最初的借地權合約期間延長 20 年。若地主不同意你再建，而你私自再建，則借地權期間依然第 30 年到期就終止（但依然可以法定更新自動再續 20 年）。

若於第一次更新後（例如第 40 年），建築物若滅失，若地主同意你再建，則借地權合約延長 20 年。若地主不同意你再建，而你私自再建，則地主可以要求借地權終止。

三、「定期借地權」

至少需簽 50 年，沒有更新。時間到地主可以要求拆屋還地。

可以選擇「舊法借地權」與「普通借地權」物件

上述的「舊法借地權」與「普通借地權」這兩種，就很保護租客了。前後兩者僅差在簽約期限，以及更新條件與規定不同而已，其他都大同小異。也就是，這兩種借地權，只要時間一到，你跟地主說要繼續續約（更新契約），地主若沒正當理由，是不可以拒絕的。就算地主說想要自己拿回來種田，這都不能算是正當理由。因此「舊法借地權」與「普通借地權」你租來的土地根本就是半永久屬於你的了。而且「普通借地權」還有個好處，就是如果期間到了，地主若有正當理由，得以拒絕更新借地權，你還可以行使「建物買取請求權」，請求地主用市場價買回你的建物。但如果是「定期借地權」的話，就得拆屋還地。

日本許多專業投資客，就是因為深知這樣的道理，因此專門買這種借地權的土地，來自己蓋公寓出租。不用持有土地的成本，只需要花費建物的成本，就可以收取和一般物件一樣的房租，投報率甚至是一般產品的兩倍以上，又不用害怕房東要收回土地（因為他收不回去）。因此，如果你會用這種方式經營，快快回本的話，會是一種很好的投資選擇。

1-9

「代租代管」與「收租保證」的陷阱

　　外國人在日本買房，無法親自處理房客事宜，也沒有辦法繳交管理費用以及固定資產稅等稅金。那怎麼辦呢？只好委託管理公司代管囉。

代租代管（集金代行）

　　一般只是幫忙管理收租的方式，日本稱為「集金代行」。一般來說，業者會一次把三個月至半年期的房租，直接兌換成台幣，匯至您台灣的指定戶頭，並且扣除海外匯款手續費（幾百元至千元新台幣不等，依每個管理公司做法不同）。當然，空屋期間你是不會有任何收入的，因此管理公司也不會向你收取管理費用。此外，管理公司的業務除了收房租外，還包含為您招租，處理房客房租滯納問題，代繳各種稅金以及管理費等。

　　而一般管理公司每個月抽取的服務費，大約為房租的 5% 左右。若租約到期，房客更新租約續租，則另外收取契約更新時的事務處理費用數萬日圓不等，若房客退租，招租新房客，則收取一個月的仲介手續費或廣告費。若房客居住期間設備毀損故障，則在一定的金額（例如三萬日圓）內，直接先行幫你

處理，事後再向屋主請款。

至於不動產取得稅，多為先行預繳給管理公司，等稅單寄到後公司代為繳納。而每年的固定資產稅及都市計劃稅（簡稱固都稅），許多公司的作法，是直接從租金扣除後，再將餘額匯款給房東。

而這種方式，代管公司只是幫你「代為收租」而已，因此如果房客拖欠房租，代管公司沒有義務要替房客先行償還。至於「催繳房租」的責任，還是落在房東自己身上。由於日本房客有借地借家法的保護，因此也不可任意趕走未繳租金的房客。如果真的遇到了，就只好先寫存證信函（內容証明郵便），先行催告房客。如果你一直置之不理，到時候房租越欠越多，房客反而繳不出來。屆時可能就要上法院，等待法院判決強制執行房客搬遷了。當然，上述一切的事情，都不包含在「集金代行」的業務，但有些公司的服務範圍，會協助處理類似的問題，因此簽約時務必問清楚管理公司相關的服務範圍。

收租保證（Sub-Lease）

另外，日本有些大型的管理公司，有所謂的「收租保證」（Sub-Lease）服務。這有別於一般的「集金代行」，這種方式，是管理公司（或轉租公司）先行將你的物件租起來，並且再轉租給其他的租客。自然，你也不會知道租客是誰，也不會知道現在房子是不是空著。當然，租的人也不會知道真正的屋主是誰。不過 Sub-lease 的好處就是你不用擔心空屋期，因為這種方

式等於你是跟管理公司簽租約，你租給管理公司的，也就是管理公司當二房東的意思。

哇！天底下有這麼好的事？公司還保證你收租喔？當然沒有，賠錢的生意當然沒人做。管理公司如果跟你簽的是這種契約，那麼只會支付你每個月大概市場行情的 80% ～ 90% 的租金而已，而且還不是每個物件，都有人願意跟你簽 Sub-lease 契約。基本上也要你自己的物件條件要好，又或者是他們關係企業銷售的建案，才會跟你簽 Sub-lease 租約。雖然說這種方式，可以像是存定存一樣，有安定感，又不受租客打擾，但是管理公司多半會保留一定的期間可以調降你租金的權力。

另外，由於 Sub-lease，你的房客等於是管理公司，依照現行稅法，我們外國人租給法人時，租金會先被預扣 20.42% 的「源泉徵收」，也就是實際上進你戶頭的現金，要再少兩成。必須等到確定申告（報稅）時，再另行申請退稅。

收租保證的龐氏騙局

然而，收租保證並不是完全沒有風險。表面上這些轉租公司會保證你一定的租金收入，但若他們出租的業務不順利，很可能會要你調降房租，甚至直接違約止付，宣告破產。2018 年初，就發生了一件專營 Share House 轉租公司惡性倒閉的重大新聞。

Smart-Days 這間不動產公司,是近幾年急速成長的一間專蓋女性專用 Share house,再販售給個人房東投資家的公司。他們的物件名稱就取名為:「かぼちゃの馬車」(譯名:南瓜馬車),後面,我就簡稱它為「馬車公司」。馬車公司 2012 年設立之初,資本額僅有 300 萬日圓,短短沒幾年,在 2017 年 3 月時就已經成長到了營業額 316 億日圓的大企業。他們主要的營業項目,並不是只有單純的轉租、收租保證而已。他們也等於是建商。他們的經營模式就是:「自己蓋 Share House,賣給客人後,再將其回租回來做包租」。就是因為這樣看似安穩的收租模式,他們短短幾年內,累積販賣的物件數量就高達了 800 棟(1 萬間房)。

用新客人,養舊客人

假設一個物件,市價如果是 7,000 萬日圓,那麼,馬車公司就將這個物件賣 1 億日圓給他的客戶。也就是每賣一個物件,馬車公司就可以暴賺 3,000 萬日圓。咦?客人是白痴嗎?為什麼要買呢?

想要賣高價,最簡單的方式,就是像我們 1-3 節所提到的「操作租金與投報率」!假設 Share House 一個房間原本可以租到 4 萬日圓,一個物件有 10 間房間,那麼一個月的租金就是 40 萬日圓。對比建物原本行情的 7,000 萬日圓,表面投報率就是 6.85%。

若馬車公司想把這個物件以高價 1 億日圓來賣給客人,那麼以 4 萬日圓的租金來計算,表面投報率就會只剩 4.8%。這個

數字看起來會非常沒有吸引力，客人看了就不會想買。

　　那……怎麼維持光鮮亮麗的高投報呢？簡單啊！馬車公司把它們賣掉的房子回租回來，一間房間以一個月 6 萬日圓的租金來向買的人承租。這樣一個月的租金就會高達 60 萬了。若以物件價格 1 億日圓來回推，這樣的租金，其投報率就可以維持在 7.2%。而且馬車公司還給房東們保證租金喔，即使空房，都繼續每間給你 6 萬日圓的租金喔！

　　聰明的台灣朋友們，應該已經看出事情的端倪了。對，這就是龐氏騙局！市場上只能租到 4 萬的房，馬車公司怎麼有辦法用 6 萬來向房東保證承租，自己賠 2 萬呢？然後物件還有空屋喔！這些空屋，馬車公司一樣要支付 6 萬日圓的房屋給房東。這筆差額的錢哪裡來？羊毛出在羊身上。別忘了，他們賣掉一間房子，就先賺了你 3,000 萬日圓了。錢，除了從這 3,000 萬日圓慢慢還給你以外，他們每個月還是賣掉了 10 幾個物件，每個月穩定獲利 3~5 億日圓。錢，就是從這些後來的房東身上賺來的。

　　而這些房東，之所以會笨到用 1 億日圓去買下市價只有 7,000 萬日圓的房屋，就是因為被馬車公司所虛構出來的「高投報」以及「保證租金」所騙。而且，馬車公司與駿河銀行配合，物件全額貸款給房東一億日圓。貸款時，馬車公司的業務人員為了賣房，還刻意篡改房東所提出的存款證明以及納稅證明。也就是說，銀行端完全沒有做到應該把關的，確實審核物件實際價值以及房東的資產與收入，隨意放貸。

成也銀行，敗也銀行

這樣的生意模式之所以成立，完全建立在「馬車公司可以持續找到新的客戶」、以及「駿河銀行持續亂放貸」之上。然而，駿河銀行似乎發現了苗頭不對，2017 年 10 月開始停止了對於馬車公司新客戶的融資。銀行縮緊了銀根，自然而然，馬車公司一間房屋也賣不出去。沒有後來的老鼠可以繼續給前面的老鼠分食，當然，馬車公司就再也付不出保證的租金給房東們了。

2018 年 1 月 17 日，馬車公司發出了申明，完全停止支付租金給屋主，受害屋主高達 700 人；2018 年 5 月 15 日，宣告破產。接下來，這些屋主所要面臨的，就是「每個月必須還款上百萬日圓以上的房貸，但卻沒有任何房租收入」的地獄局面。不動產投資，一定要謹慎小心、量力而為。

1-10

投資最高準則～買的時候先想賣

　　俗話説：「有百年厝，無百年主」。你買的物件，總有一天會賣，更何況這個物件不在自己的家鄉，在國外。因此你的東京宅，將來留下來當作是傳家宅的機率是小之又小，因此每個物件都必須要思考「出口戰略」。也就是買的時候，就要先想到之後要賣給誰。

留點給別人賺

　　每個物件，每個投資者，狀況都不一樣，能夠承受的風險也都大不同。有些人融資購屋，只要房價跌個兩三成，可能就得斷頭出場，但有些人用現金買清，可以挨過百年一見的金融風暴，等到景氣好轉，房價又是倍數增長。因此本書也無法信誓旦旦地説，怎麼樣的情況該買，怎麼樣的情況該賣。不過我個人認為，人都不是神，永遠無法買在最低點，賣在最高點。因此，我自己的投資心法就是「留點給別人賺」。許多人就是因為「肖貪」，想要賺到最後一分錢，反而錯過了很好的賣點，而導致套牢。如果我們心存感恩的心，留點給向你買房的人賺，一來，感謝向你接手的人，給你賺了一筆。二來，也表示市場還有人要買，還來得及出場。往往等到大家都驚覺該出場的時候，你就賣不掉了。

高價買進，賠錢出場

巴菲特曾經說過：「在別人貪婪的時候恐懼，在別人恐懼的時候貪婪。」不管什麼投資都一樣，低點進場，才有獲利空間；而高價買進，不是賠，就是「富貴險中求」。不過台灣人有個很不好的習慣，就是什麼事情都喜歡一窩蜂。尤其是三姑六婆，組了個看屋團，或參加了一個房地產說明會，看到隔壁大嬸買了一戶，輸人不輸陣，很像自己沒買，回去後會被嘲笑一般，連個行情都沒查清楚，格局都沒好好看，就直接買進了。買進，不是問題。但許多人買到的價錢，高於市場行情價一到兩成，那問題可就大了。最近時有耳聞，台灣人因為不懂行情，而被業者狠扒一層皮的事。奇怪了，買菜都會斤斤計較了，真不懂為什麼買屋可以連周邊行情都不查，直接買下去呢？

買屋的時候，雖然需要「快」、「狠」，但是也必須要「準」。因此該做的功課還是不可省略，必須擬好出口戰略。例如這個投資打算進行幾年？如果打算收租十年後賣，就得去參考一下目前周邊屋齡高於你十年的，與你要購買的產品類似的中古屋，看它目前售價大概是多少。如果經濟情勢沒變動，有可能你之後就是只能用這個價錢出貨了。

另外，這邊的高價買進，不見得就是指「買貴了」。有可能你是「賠在匯差」，在日圓匯率很高的時點買，但是由於沒有做好避險措施，結果日幣跌了三成，此時就算房價漲了一成，你實際上還是賠了兩成。因此，像是這種高價買到房屋，或者是高價換到日圓的情況，你，就只能「捨得」了。而且建物會

隨著屋齡的增長，而價值逐年遞減折舊。如果日本的不動產市場沒有太大改變的話，早賣不如晚賣。因為 10 年屋，可能還可以賣到 3,000 萬日圓，等到你 20 年屋，可能只能賣到 2,000 萬日圓了。

不過即使賣價比買價便宜，也不必擔心。假設你十年前買 1,000 萬日圓，但十年後只賣了 800 萬日圓。看起來帳面上賠了 200 萬日圓，但實際上由於東京高投報，有可能你十年間，完稅後的房租淨收入就高達 600 萬日圓，這樣整體上來你還是賺 400 萬日圓。因此購入時，有必要擬好脫手的時間點，以及事前模擬這段期間的房租收入。

現況篇 ———

新一波的房市循環,為什麼會上漲?背後又有什麼看不見的風險?

現況篇引古鑑今,告訴你現在市場上有哪些玩家,隱藏著哪些地雷!

2
Current
Situation

2-1

日本炒房史：從泡沫經濟到失落的 20 年

　　「房子不會跌！全世界都在印鈔票！錢的價值只會越來越薄！賣掉了，就買不回來了。」……有沒有覺得上面的台詞很耳熟能詳啊？這，就是當初日本人所堅信不疑的「土地神話」。二戰結束後，到 1960 年代這段經濟復興的高成長期，由於人口，以及對於土地的需求急增，加上投機性買盤，讓十年內，日本房地產就暴漲了十倍。甚至在 1964 年第一次東京奧運的前幾年，因為奧運利多加持，還曾經有過房價半年漲一倍的時期。

講古：從「土地神話」說起

　　1985 年，美國人為了救自己的經濟，簽訂廣場協議，讓日圓從 240 圓漲到 120 圓，整整漲了一倍！日圓漲，想當然爾，外銷就死得很慘。外銷慘，經濟當然變差。為了救經濟，日本政府只好開始刺激內需，甚至祭出降息的政策，叫大家來借錢投資。低利率耶，不借白不借！不過想也知道，「貪，人之本性也」。借來的錢，不是拿來投資增產，而是拿來……炒房！

　　這時從 86~89 年的刺激內需，而導致的土地高漲，尤其是 1987~1988 的兩年之間，更是一口氣漲了兩倍，正好為日本泡

沫經濟種下了導火線。就因為這樣看似只會上漲，而不會下跌
的局面，當時的日本，才有了「土地神話」的講法。當時的人
們覺得，反正只要有房地產，你握在手中，它自己就會增值。
因此當初許多小資投資客，為了自己以後老了能當包租婆，甚
至貸款了兩，三億日圓來投資房地產。那時候東京的不動產，
不像現在的東京投報率，動不動就 7%~8%。那時候因為房價一
直漲，而租金不漲的情況下，拉低了房地產的投報率。大概一
間小套房，光是要用租金來還完貸款，就要將近 50～60 年的
時間（現在大概只要 15～20 年）。在那個時代的東京，大家
都是以投機為目的買房子。買了房子，不是要自住，不是要賺
租金，而是要高價賣出，獲取資本利得。這時候，都內實際坪
數 5 坪的小套房，可以賣到 6,000 萬日圓。你沒看錯，投報率
僅有 1.5%，而且，大家認為房地產不會跌。這時期的房子只要
蓋出來，就有人買，根本無視於居住品質如何。

泡沫破裂後，失落的 20 年

1989 年後，因為日銀一連串的打房政策（例如重新調高利
率，房地產房貸總量管制等），讓 1986～1990 這四年多的漲
幅逐漸打回原形。雖說房市崩盤始於 1990 年，但日本人真正體
會到「大勢已去」，一直要到 1995 年。許多專家認為，日本社
會的轉戾點就是這一年。日本全國房價從最高點滑落至 1993 年
時，開始進入緩跌期，緩跌至 1997 後開始加速破底，直直落，
就有如ㄅ型風暴。

房價開始跌的前幾年，有些屋主因為不缺錢，總是認為房

市只是在「盤整」，以後還會 U 型反轉。但 1995 年發生神戶大地震，過沒幾個月又發生奧姆真理教沙林毒氣恐攻事件。同時，經濟上又因為日圓高漲，導致製造業受不了而將工廠撤出日本轉移至國外。此外，泡沫時代所種下的不良債權問題開始顯在化。在多重的災難以及經濟的打擊下，日本人已經不再有泡沫時期輝煌的面影，也體認到了不動產不會再回來的事實。後來，房價就持續破底。

　　房價跌，對於借錢給投資客的銀行來講，受傷最深。因為原本一間房，可能擔保價值有 5,000 萬日圓的不動產，突然跌到剩下 2,500 萬日圓（而且當時也很多銀行過度放款，市值 5,000 萬的房子，居然放貸到 5 億日圓之多）！！甚至也有聽聞許多中產階級家庭，因為當時買不起都心內的房屋，只好忍通車一、兩小時之苦，去買東京都下（指東京都左邊「市部」），甚至更郊區的房屋。結果 5,000 萬日圓買的房，過沒幾年就跌到剩下 2,500 萬日圓，但房貸餘額卻高達 4,000 多萬日圓，因此當時上班族，也無法賣屋還債，因為賣掉的錢，還不夠償還未繳的房貸。這些高點套牢的上班族，只好忍痛三、四十年，繼續辛苦工作，只為還掉房地產慘賠的 2,000 多萬日圓。直到現在 2018 年，郊區的房子仍然尚未回檔，反倒因為「建物」本身折舊，使當時還有市值 2,500 萬日圓的房屋，剩下不到 1,000 萬日圓。

慘跌過後……

　　因為地價房價大跌，房價變得很親民，即使是一般上班族，也可以很輕易地購買都內的房地產。這時候，剛剛講的 5 坪小

套房，大概只要 1,700 多萬日圓。投報率拉到將近 5%。也因為
大家夢醒了，沒人再玩「轉賣賺很大」的遊戲，因此，建商如
果想要賣房屋，只能賣給自住客。而且自住客不見得會買單，
因為地價年年下跌，明年買，會更便宜。也因此，建商就必須
花腦筋，讓物件本身可以讓大家住得舒服，住得安心，才會有
人買。房地產的投資，也從之前的資本利得（Capital Gain）取
向，轉化為賺安穩的租金收租（Income Gain）取向。

不動產證券化的時代到來（2001 ～ 2007）

2001 年，由於日本開放了不動產證券化，也就是 J-REIT
（Real Estate Investment Trust），讓不動產的投資市場也可以金
融的方式來引入資金，增加籌資管道，提高資金運用，也為日
本的不動產投資市場開啟了新紀元。這時，連續跌了好幾十年
的房價，加上日圓持續低利率，開始吸引了外資的目光。虎視
眈眈的外國資金開始流入日本不動產，以基金的方式購買不動
產，而導致都市部的房價再度上漲。日本人將這段時期稱作「迷
你泡沫（ミニバブル）」。因此，此時供給的產品，變成了只
在乎確保容積率，可以多蓋幾間出來賣，多蓋幾間來租。因為
基金主要就是看出租獲利而已，才不管品質好不好（其中也跟
北京奧運所導致的建築費高漲有關）。

也因為 1989 年的大泡沫破裂後，新屋的供給量變少，因
此為了配著這一波炒房，又開始大增供給量。2005 年，就曾爆
發出一連串偽造建物耐震構造計劃書的「**姊齒事件**」。也因為
這個事件，日本政府訂定了「住宅瑕疵擔保履行法」，強制建
商針對結構以及漏雨部分，保障新屋購屋者 10 年的瑕疵擔保責
任，同時也強制建商必須加入住宅販賣瑕疵擔保責任保險。

後金融海嘯，都心回歸（2008 ～ 2012）

　　次貸風暴後，外資撤退，也讓房價重挫，戳破了這次的迷你泡沫。不過這次還好，上次土地神話跌了剩三分之一，這次只有跌個兩、三成而已。而次貸風暴後，日本也因為老人年金的問題，以及低到無法想像的利息，讓一些為了退休做準備，打算把房租當養老收入的個人投資客進場。這時，也因為許多小建商都死得差不多了，剩下來的，就是體質很好的建商。而且其實這個時期，由於剛發生大危機，市面上充斥著許多優良不動產，若撇開我們外國人匯差的問題，這個時期對日本人而言，其實是最好的進場時機。買的房子又好又便宜，而且又是低利率，實質房貸利率可能只剩 0.7%。

　　不過日本人的命運也真的很可憐，遇到金融海嘯後，原本不動產市場已經有回溫的跡象，但卻又遇到動搖國本的大地震。但 311 地震之後，日本房價沒有怎麼跌（灣岸區域除外），有可能也已經是打底了，也有可能因為地震，反而讓大家知道了日本房子的高品質。

　　不過大地震過後，首都圈的居民開始改變了對於「住」的觀念。原本日本人喜歡住郊區養小孩，享受安靜的近郊住宅環境，但因為地震當時，電車停駛，也因為東京太大，用走的根本走不到家，因此導致許多人變成了歸宅困難者，所以有許多人開始考慮搬進都心，開啟了「都心回歸」的風潮。另外，也有許多原本喜歡住在超高層大樓的人，因為地震時晃得太恐怖，所以開始考慮要住離地表近一點的樓層。

2-2

房市新循環：安倍經濟學～東京申奧

　　2012 年 12 月 26 日，安倍晉三再度當上日本的首相，而他的安倍經濟學所射出的第一支箭，正是大膽的貨幣寬鬆政策。因大量印鈔導致日圓大跌，在 2013 年初造成了一股外國投資客的瘋狂搶購東京不動產的浪潮。但這時，大部分的日本人都還沒有意會過來到底發生了什麼事，只是傻傻地看著外國人，以為外國人很傻很天真，只是因為日幣大跌才來搶便宜不動產的。但聰明的海外投資客早已嗅到量化寬鬆政策將會為房市帶來怎樣的巨大衝擊。這些日本人當初壓根兒也沒想到，日本沈淪 20 幾年的房市，即將翻轉……。

奧運利多，讓外國人與日本人都卯起來買

　　日本時間 2013 年 9 月 8 日，當國際奧委會主席羅格，宣布 2020 年奧運會主辦城市為東京的那一刻，日本舉國歡騰，同時也一掃了 311 悲劇發生後的陰霾。也在這一瞬間，改變了東京不動產市場的命運。

　　還依稀記得，隔天各大媒體的新聞就報導，當天奧運決定後，灣岸地區的預售屋案件，來電詢問量頓時成長好幾倍。接下來，

隨著奧運決定而要新增的交通路線週邊，也開始出現了明顯漲幅。其實早在奧運決定前 2012 年底，東京的不動產就已吸引了許多海外投資客入場。但當時市場，還沒有奧運決定時的榮景。直到奧運大利多確定之後，與安倍的財經政策相輔相成，使得整個市場的資金動了起來，同時加速了更多海外投資客資金的流入。就從此刻，新建案的開價，也逐漸走高。

2013 時還有另一項話題，就是日本政府宣布將消費稅由原本的 5% 調高至 8%，而這也成功帶動了日本本地自住客的買盤。這些買房族為了趕在增稅前買屋，可以省下 3% 的消費稅，可以說是卯起來搶房。

工人、建材等建造成本上漲

而奧運決定後最直接的影響，就是政府要動起來蓋奧運場館。量化寬鬆導致日圓貶值最直接的影響，就是讓進口的建材變貴。前者導致「缺工」，後者導致「建材上漲」。這兩個要素，都是接下來房價上漲的推手。

先來講講「人力」好了。建築業者的工人，很多都跑去蓋奧運的場館以及東北地震災區的復興，因此對於建商而言，工人的人事成本上漲了不少。而且聽說蓋奧運的場館等這種國家的事業，比較好賺，蓋居住大樓比較不好賺。缺工情形，甚至導致有些建築業者，因為承接了工程，但是卻找不到工人來興建，因而延宕了工期而違約倒閉。

　　至於「建材」，由於日圓匯率這幾年都算是相對低檔，因此對於日本進口建材的成本也提高不少。據說 2012 年時，大樓型產品的建造成本約為一坪 80 萬日圓左右，但如今 2017 年，已經漲到了 120 萬日圓。短短五年內的建造成本就漲了 40%。

　　同時，又因為日本的觀光客日益增多，許多旅館業者為了因應越來越多的觀光客，不計成本地卯起來與建商搶地，這也導致東京精華區內可供建造大樓型產品的建地越來越少。在這樣「缺工」、「建材上漲」、「大家搶建地」的三要素加持下，房價不漲也難。

2-3

市場生力軍：華人置產族、日本節稅族

　　2015 年，中國、台灣、香港、新加坡等地，房市價格已經到頂，再加上中國的調控政策，讓許多華人圈投資客轉往房價相對便宜的東京首都圈。「聽說」東京都心，如港區，新宿區的高級住宅房，以及灣岸地區的 Tower Mansion（豐洲、晴海、勝どき）等，幾乎每個建案，有三成都是華人買的。也因此市場再次出現了「泡沫再臨」的聲音。指出因為華人來炒房，導致房價上漲。也有人擔心，就是因為華人大量持有都內高價不動產，若中國、台灣、香港等地的房地產真的泡沫化，這時投資東京房市的錢，若一舉撤退回國救急，可是會連帶對東京房市引發不小的衝擊。不過這樣的擔心，似乎是多餘的。

中國人買房有自住需求

　　這一波的中國熱錢，很多是因為中國富豪要將資金移轉至海外，而以現金的方式購買不動產的。因此並非像上一波 2006年時的「高槓桿投機」行為，而是「財富轉移」行為以及「實際需求」行為。事實上，2015 年中的中國股災，反而促使了中國富豪為了避險，更加用力買海外不動產的現象。另外，據報導，有許多中國人買東京房，是為了自己實際居住使用。這些

有錢的中國人多以「教育」、「環境」等理由，考慮未來將自己的小孩送到日本生活，當然也為了自己日後的退休生活作打算。因此就中國人購買居住房部份，我倒不認為將來會有太沈重的賣壓湧現。雖說目前灣岸地區有許多台灣、中國的投資客將房屋拿出來賣，但看他們開價就知道，這些賣屋的屋主並不是急售，而是想要開高價共潘仔（賺差價）而已。把物件丟出來賣，試水溫的成份較高。

稅改，讓日本老人也卯起來買

2015 年，不是只有華人置產族在買東京房，就連日本節稅族也加入了戰局。由於日本調漲了遺贈稅，因此許多錢多多的老人，將現金轉換成不動產，目的就是利用其房屋市價與公告現值相差甚遠的「資產評價壓縮」特性來進行節稅。

這年，東京都心預售屋成交價屢創天價，有些個案，63 ㎡（約 19 坪）的小房間成交 1 億 1,500 萬日圓（一坪 605 萬日圓），也有些個案 90.22 ㎡（約 27.29 坪）的三房產品成交 1 億 9,500 日圓（一坪 714 萬日圓）。據報導，在 2015 年時，這波不動產的新循環，也回升到了雷曼風暴前的價位。

遺產稅這樣改

日本遺產稅的徵收，是將你的總財產評價額，扣掉基礎控除額後，才是你的課稅對象金額。

總財產評價額 － 基礎控除額 ＝ 課稅對象金額

2014 年以前基礎控除額 = 5,000 萬日圓 + 1,000 萬日圓 × 繼承人數
2015 年以後基礎控除額 = 3,000 萬日圓 + 600 萬日圓 × 繼承人數

　　而原本基礎控除額的計算方式，為「5,000 萬日圓」，再加上「1,000 萬日圓 × 繼承人數」。舉個例，如果你的遺產有一億日圓，有兩名繼承人的話，你的遺產稅課稅稅基部分就是「1 億日圓－（5,000 萬日圓＋ 1,000 萬日圓 ×2 人）＝ 3,000 萬日圓。

　　但 2015 年開始後的稅改，降低了遺產稅的基礎控除額。可控除的額度變為「3,000 萬日圓」，再加上「600 萬日圓 × 繼承人數」。換句話說，如果你晚一年死，你的遺產被課稅的稅基部分就是「1 億日圓－（3,000 萬日圓＋ 600 萬日圓 ×2 人）＝ 5,800 萬日圓。整整多了快一倍。不只控除額減少，就連最高稅率也從 50% 提升到了 55%。

　　日本的金融資產其實相對都集中在老年人的手上。根據日銀 2017 年的資金循環統計，家庭保有的金融資產儲蓄餘額高達 1,880 兆日圓，這其中有很大一部分是集中在 60 歲以上的老年人手中的。因此似乎也可以合理判斷，這波房價可以這麼輕易地破前高，可能就是因為有這些老扣扣、錢多多的老人在吧。而且現在雖然一坪 600 ～ 700 萬日圓，房價也漲了三～四成，看起來貴森森，但那些年長者曾經經歷的泡沫時代，曾經也有過一坪 3,000 萬，一間 44 億日圓的房子。或許在他們眼中，目前的房價還算「合理價」也不一定。

2-4

「負利率」與「兩極化」

　　日本銀行（日本的央行），在 2016 年開始實施負利率政策。正常情況下，我們如果把錢存在銀行裡，銀行會給我們利息。但所謂的「負利率」，則是反過來向存戶收取「帳管費」的概念。也就是存錢在銀行，只會讓你的帳面上的數字減少，沒有利息還多跟你扣錢。

負利率，將資金趕往不動產

　　當然，日本目前的負利率，並不是一般存款戶會被扣帳管費的概念，而是日銀（日本央行）將日本一般金融機構存在日銀的超額準備金，存款利率降至為 -0.1%，因此並不是直接影響到一般的存戶，而是影響到銀行等金融機構。

　　也就是說，銀行如果將太多錢存在央行裡，不但沒有辦法從央行那裡收到利息，反而還要上繳給央行一筆錢。因此銀行不得不趕快找資金的出口，想辦法把這些爛頭寸貸出去，也不要存在央行裡。而這負利率政策也導致了建商的土建融貸款更加容易，一般房貸族也可以更容易以更低的利率貸到款。

　　對銀行而言，將錢貸給這些穩定的上班族買房，是風險最低的資金去處。因為大公司不太容易倒閉，員工薪水也很穩定。以往，銀行對於自住房房貸的核貸成數多半只有八～九成，審核也從嚴。但自從負利率政策實施後，銀房放款的門檻就降低很多，全額貸、輕鬆就核貸的例子還真不少。即便房價上漲，只要貸款成數可以提高、利率可以拉低，這些上班族還是有辦法買下來。這也是持續推升房價上漲的主因之一。

銀座地價漲到歷史新高點

　　2017 年，日本的國稅廳公布了最新的「路線價」。曾經因為泡沫經濟破裂，連續下挫 20 幾年的東京房價，終於在前幾年止跌回升。而今，銀座的地價已經超越了 92 年泡沫時代的最高點。根據最新公布的「路線價」，銀座五丁目，鳩居堂前面的土地，一平米的價位被評定為 4,032 萬日圓，遠遠高出了泡沫時代的最高點 3,650 萬日圓。

　　所謂的「路線價」，並不是真正的成交價，而是國稅廳用來課遺產稅與固定資產稅的課稅根基。除了「路線價」以外，還有一種價格叫「公示地價」，這個價位是屬於國土交通省所評定的公告現值，用來提供對於判斷經濟的動向以及房產交易時的參考指標。這兩種價位，都是政府機關公布的評定價格，只是不同單位與不同用途而已。順道一提，同年公布的公示地價，銀座採樣的是四丁目的山野樂器行，一平米 5,050 萬日圓，一樣是超越了泡沫時期當時的價位。也就是說，無論是「路線價」還是「公示地價」，日本政府已經「掛保證」銀座的地價超越泡沫時期了。

當然東京不只是銀座，整個東京都精華區由於有大規模的再開發，以及觀光客的流入，再加上奧運利多等因素，房價與地價都頻創新高。除了東京之外，大阪、橫濱、福岡、京都、札幌、神戶、廣島、仙台、金澤也都不遑多讓，路線價都有10%以上的漲幅。

東京等大都會持續創新高，二、三線都市持續下跌

即便東京的地價已經大幅上揚，但反觀其他二、三線的地方都市，甚至還有高達31個都市連續兩年跌跌不休。也就是「一個國家兩樣情」。有大規模再開發的都市，人口集中的都市，觀光需求的都市，地價越來越高。但日本目前就是少子化與高齡化的社會，日本整體的人口就是持續減少。人口持續流出的地方都市，這些地方上的商業行為，也因為失去了人口的支撐，經營不下去，導致越來越多的商店關閉以及產業外移。沒有了商店與產業，老年人生活越來越不方便，年輕人找不到工作，更加速有能力的人往大都市流動。這樣的惡性循環，使得東京等大都市的人口越來越多，房價地價越來越高，但這些小地方，沒有了人，沒有了生活機能，地價房價持續下探，空屋越來越明顯。呼應前幾節講的，看來以後日本房地產的「兩極化」，只會越來越加劇。

2-5

新成屋的「一極集中」與「職住近接」

2017 年 10 月中旬，不動產經濟研究所發表了 2017 年度上半期（4 月～ 9 月）的首都圈新建大樓市場動向，數量只有 16,133 戶。這個發售量（供給量），可以說是從 1992 年泡沫破裂後以來的最低水準。在價格方面，平均販售價格為 5,993 萬日圓，比起去年同期上漲了 332 萬日圓。雖然供給量少，價位也高，但這半年來的契約率卻只有 68.8%，也就是……其實賣得不怎麼好。

其實上述這個數據所提及的首都圈，是包含東京及其近郊的一都三縣（千葉縣、神奈川縣及埼玉縣）的數據，所指的範圍非常廣，高達 13,557 平方公里。因此用「首都圈」的標準來看東京的房市，不免會有些失真。如果我們只看「東京都 23 區」這 619 平方公里的數據，就會發現目前「東京都 23 區」的房市，跟「首都圈」的走勢就不太一樣。

新推案集中在蛋黃區

「首都圈」與「東京都 23 區」，佔地範圍大小相差了近 22 倍，但 23 區的新建大樓發售量，就高達了 7,910 戶，而這

個數據也是比去年同期增長 15.9%，均價也來到了 7,160 萬日圓（增長 4.2%）。至於契約率，也有達到 71.3%。也就是說，即便是在首都圈內，也有越來越明顯的「兩極化」。蛋黃區雖貴，但由於賣得掉，因此建商還是集中在蛋黃區推案。而蛋白、蛋殼區，只要一上漲，就不太容易去化。會有這樣的「價格走向」以及「都心一極集中的現象」，主要還是跟日銀的「量化寬鬆」以及日本人的新觀念：「職住近接」（工作職場離住家接近）有很大的關係。

「職住近接」導致「一極集中」

由於日銀的量化寬鬆政策，導致目前日本史上空前低利率，再加上銀行熱錢無處去，因此對於房貸的放貸審核放寬了許多。也就是貸款「利率變低」，「成數又變多」的情況下，使得購屋民眾的購買能力提昇了不少。此外，現在的日本人的工作型態，已經不同於以往，只有單薪家庭。現在日本年輕夫妻，越來越多的是像台灣這樣雙薪家庭，因此家戶的購屋能力可以說是幾乎「倍增」。這也就是造成了為什麼這幾年房價可以漲聲不斷的要因之一。

而雙薪家庭，意味著就是得「職住近接」。以往的日本，大多只有老爸在工作，媽媽全職在家顧小孩。因此以前日本人的居住習慣，是買郊區的透天厝，除了可以讓小孩接觸到更多大自然以外，房價也比較便宜。但如果爸媽都需要工作，勢必白天得將小孩子送到幼稚園，下班後再去迎接。這樣，住家地點一定不能是離上班地點太遠的郊區。也因此，即便都心蛋黃

區比較貴，但由於貸款成數也變高，購買能力也倍增，自然而然，新的購屋層就不會去選擇郊區的房屋，而是選擇上班，接送小孩都方便的都心。

老年人的都心回歸

不只是年輕夫妻往都心集中，就連上一世代的老年層也因為上了年紀，住在郊區生活機能不便，再加上子女也都獨立了，不需要繼續住在郊區的大房子，因此這幾年來，老年層的「都心回歸」現象也特別明顯。此外，外國投資買盤也好，節稅買盤也罷，一定都是集中在都心，這也更加強了對於都心房屋的強勁需求。

就供給方（建商）來講，由於人手不足以及建材成本上升，與其蓋不好賣的郊區，倒不如去搶貴一點也賣得掉的都心建地。就這樣，供給與需求目標一致，當然推案量都會集中在都心，才會導致上述的 1 萬 6 千多戶的首都圈推案量，有將近一半 7 千多戶，都是集中在僅有「首都圈」22 分之 1 大小的「東京都23 區」。

2-6

房價上漲有兩種：錢潮還是人潮？

超高層塔式住宅，除了設備新穎、眺望良好外，又有氣派豪華的大廳，因此無論是投資或是自用，這種標的都非常有人氣。如果說東京超高層住宅林立的房市熱區是哪裡，那當然就屬「中央區的晴海」、以及「神奈川的武藏小杉」了。如果問各位朋友，哪個地方比較保值？我想，華人朋友的直覺大概是「東京都中央區的晴海」遠勝於「神奈川縣川崎市的武藏小杉」了。

「晴海」之所以最近會火熱，原因就在於奧運話題的選手村，因此在東京奧運確定舉辦後，這一帶的房市就跟著火紅起來。除此之外，晴海離銀座距離僅短短兩公里左右，散步走過去也只要 20 幾分，因此也受到許多自住客的喜愛。

那「武藏小杉」呢？這裏原本是工廠林立的工業區，但由於 2000 年前後，日本的製造業重心逐漸移至海外，致使這裡多出了許多閒置土地。大建商看到了此處未來的發產潛力，接連在此進行大規模的造鎮開發。除了興建住宅外，建商也引進了購物商城。再加上 JR 湘南新宿線的開通、以及副都心線連接東急東橫線的直通運行，大幅改善了這裡的交通便利度，使得這裡短短十

幾年就搖身變成了一個超高層塔式住宅林立的全新住宅街區。

「錢」來了，「人」有沒有來？

不動產要上漲，基本上有兩種模式。對，就是「人」與「錢」。前者的「人」，就是有剛性需求，實際有居住者來居住的意思。人口增多，就會使這個地方的房價，地價上漲。另一個上漲模式，就是「錢」潮。一個地方即使沒有人口成長，沒有太多的建設改善，還是會因為「錢」潮的流入使得地價跟房價上漲。也就是說，當日銀開啟了大規模的量化寬鬆政策，「錢」一定會多到滿出來，跑去某些有話題性的地區的不動產，就算那裡沒有「人」。

武藏小杉的房市之所以上漲，是因為「人」。實際上，因為交通便利以及大規模的開發使得環境改善，讓有意願搬進武藏小杉的居民增多許多，也因此這裡即使供給戶數很多，但還有實際需求在支撐。而晴海的房市之所以上漲，就是因為「錢」。「東京都中央區」這個地址，加上「奧運選手村」，的確是很有話題，可以引進不少投資熱錢。即使這裡並沒有電車站，即使周遭並沒有像是武藏小杉這樣成熟的生活機能，還是可以讓這裡的房價上漲。

炒短看錢潮，長線看人潮

如果你在不動產投資上想要賺到錢，就要知道一個地方上漲的原因為何。如果上漲原因是「人」，那基本上你的投資應

該會變穩定的，房價會穩定上漲，又可以收取安定租金。即使房市反轉，還是會有一定的需求，不至於崩跌到太慘的地步。但如果上漲的原因是「錢」，很有機會短期之內就賺到暴利，但你可能對市場要敏銳一點，不可以錯過逃跑出場的時機點。因為在這樣的地方，你可能沒辦法收到太高的租金（或者租不掉），因為大部分買的人都跟你一樣，是投資的。房屋完工後自然不會來自住，如果不是賣掉，就是拿來出租。一堆人丟出來賣，競爭者就多。總是有一些急著想要賣的人寧願賺少一點，也要快把房子出掉，那這樣周遭價位自然好不起來。出租亦然。一堆人跟你拿出來競爭，搶有限的房客，總是會有幾個人為了快點租掉而降價，這樣房租怎麼會好呢？

「晴海」以及「武藏小杉」的現在

實際查詢了晴海以及武藏小杉周邊的租賃與買賣的「量」。先講「租賃」好了。武藏小杉的待租超高層物件，了不起就十幾件。但晴海的超高層待租物件，2017 年時竟然高達上百件（2018 年有逐漸去化）。武藏小杉大部分的人，買來是自住的，因此上漲原因是「人」，所以即使這裡的超高層數量跟晴海不相上下，但武藏小杉的待租物件就不多。這樣的情況，你買這裡的房子要出租也比較容易。但像是晴海那種多殺多的情況，可能沒有降到一定的價錢，大概會很難租，空屋期也相對會拉長。

接下來，我們來看看這兩個地方的委售狀況。武藏小杉的「小杉町 2 丁目」，只有 24 件「新丸子 3 丁目」等超高層林

立區只有 29 件委售物件（2018 年 5 月）。但晴海卻有高達近
200 件的委售物件。因為買武藏小杉的，都是買來自己住的。
但買晴海的都是買來轉賣的，所以一堆人要賣。「量大價必亂」，
在爆大量的地方，如果你沒有殺到一定的價錢，要賣掉大概也
不容易。

　也就是說，晴海因為都是投資買盤，因此預售屋完工時，
大概也就是市場上會有大量倒貨的時候了。晴海上漲的原因是
「錢」，像是這樣的地方，就要看好出貨的時機點，只要有賺
到錢，就趕快落袋為安。畢竟，晴海的旁邊還有豐洲跟月島等
超高層林立區，奧運結束後，還會有選手村拿出來賣⋯⋯。

2-7

生產綠地問題，2022 都心地價大崩跌？

　　2022 年，不只是郊區，甚至是連東京近郊的世田谷區、練馬區等，將會有農地「爆大量」式地釋出變為建地。屆時東京都內可能會瞬間多出 3,296 公頃，相當於 701 個東京巨蛋球場的土地，被拿來興建透天或出租公寓，恐怕會嚴重衝擊地價！是的，這可不是恐怖小説，而是近期在日本不動產圈內蔚為話題的「2022 年問題」。日本的各大財經週刊也都相繼做了相關的專題報導。

　　所謂的「2022 年問題」，指的就是 2022 年「生產綠地」的指定解除大限。而到底什麼是「生產綠地」呢？就讓我們來了解一下事件的始末。

什麼是生產綠地法

　　約莫在 40 多年前，日本還是處於經濟成長期的時候。這時候的日本，人口增加，住宅供不應求。日本政府為了讓土地能夠有效利用，增加房屋供給，因此於 1974 年制定了「生產綠地法」。這條法律，就是將「市街化區域（想要優先發展成市街處的地方）」內的農地，比照「建地」來課税！

我們都知道，建地的稅金比農地高出許多，因此，如果地主還是呆呆地在他的土地上繼續務農，不做更有效的利用，不蓋房子的話，可能到最後種田賺的錢，都繳不起稅金。日本政府當初用這招，目的就是要逼得這些地主把土地拿來蓋房子。

但到了 1992 年後，有許多人認為，即便是在都市部，還是需要有一些農田跟綠地，對環境比較好（也有可能也是因為泡沫破裂，不再需要蓋這麼多房子）。因此 1992 年時，日本政府就實施了「生產綠地法」的改正。也就是將市街化區域內特定的農地，指定為「生產綠地」。這樣，地主就可以不必繳相當於建地這麼重的稅，只需要繳農地的稅即可。但條件是：地主必須在這塊土地上「持續務農」耕種，且不能興建房屋。

但其實生產綠地法，可以在指定的 30 年後，所有者就可以解除指定，並請政府來收購自己的土地、或自行賣掉、或自行蓋房屋利用。如果是自行運用蓋房子，當然就要回復到原本建地的高額稅金。當然，地主也可以選擇繼續務農，繼續享受便宜的稅率。但有許多不動產專家預測，應該絕大部分的地主，都還是會傾向將土地出售。

專家們之所以會預測地主將會出售土地，原因就是這些地主們年紀也老了，再也不能「持續務農」了，而且他們的兒子，應該也沒幾個會想繼續種田的。也就是説，如果不能「持續務農」，就無法繼續享受生產綠地的稅金優惠。再加上最近日本稅改，之後還得面臨高額遺產稅的問題，因此專家們才會認為，將會有很多地主會在 30 年的期限一到，就將土地釋出。而因為

生產綠地法是在 1992 年改訂的，因此大概有 80% 左右的生產綠地地主是在這一年提出申請的。也就是說，2022 年，30 年的大限一到，很有可能光是東京都，就會有 3296 公頃（等於 3296 萬平米）的建地釋出。

　　而這些建地的釋出，如果不是拿來蓋木造透天，就是拿來蓋出租公寓，屆時一定會對於市場上的房屋供給造成一定的衝擊。光是東京都的生產綠地面積，就可以興建約 26 萬戶的木造透天（2016 年度東京都的透天供給量也才 1,880 戶）。也因此，日本政府也積極在想辦法制訂政策，以免五年後的大限一到，引發房市的過大衝擊。

東京都生產綠地面積：3296.4ha（相當於701座東京巨蛋球場）

數據引用自周刊東洋經濟2017.10.14

別怕，對於大樓產品衝擊有限

　　日本的自住型產品，分為「電梯大樓型」與「木造透天型」。一般來說，都心精華區（蛋黃區），由於寸土寸金，因此供給的住宅產品大部分都是屬於「電梯大樓型」的。而近郊部分，就是「木造透天型」的主力市場。

　　仔細看一看東京都的生產綠地圖，我們就可以得知，在都心的中心部，幾乎沒有任何生產綠地，而大部分的生產綠地都是集中在「木造透天型」的地區。換句話說，即便往後這些生產綠地釋出，變成了建地，也會因為受限於容積率等因素，而是拿來興建「木造透天」型的產品。因為容積率及都市計畫的限制，這些土地大概也蓋不了「電梯大樓」型的產品。因此很有可能屆時 2022 年，受到衝擊的，會是近郊的「木造透天型」市場，而不是都心的「電梯大樓型」市場。

　　就有如 2-5 節提到的，現在都心精華區的「電梯大樓型」產品供不應求，許多人也都「都心回歸」、「職住近接」，因此我個人認為屆時 2022 年，即便有大量的生產綠地變成建地釋出，但對於都心精華區的房價，應該影響也有限。倒是近郊，在投資上可能就要審慎而為了。

2-8

什麼？政府掛保證的暴跌區！

　　日本國整體進入高齡、少子化的社會，已經不是新聞。而即便現在雖然是房市的上漲期，但其實除了東京都心以及大阪、京都等較知名的地方都市以外，可以說是絕大部分的地方的房價都還在持續下跌。

　　不動產的價值取決於它本身的效用以及需求。人口減少，外流相當嚴重的一些地區，也因為沒有人口，而失去了原本有的生活機能。因此這樣的地方，房價再便宜都沒人要買。當然，政府也不能一昧地為了這種偏鄉地區的少數人，浪費納稅人大把的稅金來做這些偏鄉地區的公共建設。也因此，日本在 2014 年實施了「都市再生特別措置法」的改正。

　　這個計畫就是希望可以將人口集中於市街區的附近，而不是散居在外圍的各處。也就是 Compact City 的構想。說白話，這個計畫就是讓各個自治體，自行決定區域內，哪個地方要「繼續發展」，而哪個地方要「直接放棄讓它死」。

立地適正化的概念

　　原則上，要「繼續發展」的地方，又分成圖中的黑色部分：「都市機能誘導區域」、以及灰色部分：「居住誘導區域」。

　　黑色部分的「都市機能誘導區域」，主要集中在車站周邊。這些地方原本就是有商業機能、生活機能的地區，醫院、市公所也都集中於此，因此計畫讓主要的都市機能可以繼續集中於此。

　　而在黑色的地區旁邊，緊鄰著灰色的「居住誘導區域」，也就是盡量讓民眾能夠集中到「都市機能誘導區域的附近」，生活上，採買上也比較方便。而這以外的地區，就是政府要「直接放棄讓它死」的地區。即便是虛線的「現在的市街地」，以後也不進行發展，就是期望整個城市能越來越縮小，以達到人口集中於中心區域的目的。

　　當然，為了讓住在較外圍的民眾住到中心一點來，並不是一朝一夕可以達成的。因此為了誘導居民住進「居住誘導區域」，政府會對於這裡的土地進行容積率的放寬以及稅金的優惠，甚至還有房租以及住宅建設的補助金…等。這樣的計畫，就叫做「立地適正化計畫」。

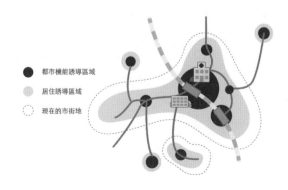

● 都市機能誘導區域

● 居住誘導區域

○ 現在的市街地

被放棄的土地

換句話說，如果今天你的房子是位在「居住誘導區域」以外，那恭喜你，你的房子將來「暴跌」跌定了。因為這樣的區域，就是政府直接跟你掛保證，以後不再投入任何的公共建設，因此這些地方的人口只會越來越少，生活機能只會越來越不便。

當然，如果你的房子是在東京都 23 區，或者是大阪、京都等人口聚集的地方都市，基本上不會有這個問題。目前東京都大概就只有日野市、福生市那種鳥到不行的地方才有發表這樣的計畫。另外，札幌、仙台與名古屋也有部份區地區有這樣的計畫。如果你是在地方都市購屋，不妨可以自行上各個自治體的官方網站查詢，才不會買到地雷區。

而現在大部分的自治體，對於「立地適正化計畫」多半都還是在規劃階段，因此很有可能現在買的房屋並沒有被畫在居住誘導區域外，但過了幾年，就會被排擠在外。而且即便現在是被劃為「居住誘導區域」內，將來也有可能會因為人口減少，而直接被劃到「居住誘導區域」外也不一定。因此到地方都市購屋時，務必自己判斷，自己購買的地方會不會有人口流失嚴重的問題。另外，地盤不穩以及豪雨集中的地方，本來就不太適合人居住，因此這些地方將來被劃為「居住誘導區域」外的可能性極高，像這樣的地方最好就不要考慮了。

2-9

以後房子不用錢？從出生率看住宅問題

　　房地產的價格，與人口有密切的關係。日本有些專家以「合計特殊出生率」的角度，來預測未來的日本房市。專家指出，很有可能以後每個人都有免費的房屋可以住。

日本的合計特殊出生率

　　所謂的「合計特殊出生率」，指的就是「一個女性在一輩子當中，可以生出幾個小孩」的一種指標。日本少子高齡化，人口逐漸減少，是大家皆知的事實。而 1970 年代，日本的合計出生率是 1.77 ～ 2.14。一個爸爸，一個媽媽，至少要生兩個兒子，兩個老的製造兩個小的，這樣以後人口才不會減少。也就是合計特殊出生率必須高於 2，才可免於人口減少的擔憂。不過，目前日本的合計特殊出生率為 1.42，也就是一夫一妻兩個人只能生產出 1.42 名新生兒！人口正逐漸減少當中，就連安倍的新三支箭，都只要求到合計出生率提升至 1.8 而已，可見日本今後要讓人口增加是多麼困難的任務。

以後房子不用錢

至於為什麼日本有些專家認為過幾年後，日本的房子等於不用錢呢？

情況一：假設老爸是家裡的獨生子，老媽也是，那麼老爸老媽兩個人就會從爺爺奶奶各自繼承一間房子，也就是總共會有兩間房子。

情況二：若老爸家裡是兩兄弟，媽媽為獨子，三個人分兩間房子，則至少這個家庭可以繼承 1.5 間房子。

情況三：相反若是媽媽家是兩姐妹（兄妹）等，爸爸是獨子，也是繼承 1.5 間。

情況四：即便老爸老媽兩人都是有兩個兄弟姊妹的，每個家庭也至少都會有一間房子可以繼承。

以目前日本的合計出生率 1.42 來看，上述四種模式當中，至少前三種（2 間跟 1.5 間的），第三代孫子都會有免費的房子可以繼承（房子有 1.5 間，小孩卻只有 1.42 人）。而又因為現在的合計出生率為 1.42 而已，因此第四種情況，也就是老爸老媽有兄弟姊妹的，其實佔少數。因此專家就認為，以後大家都有免費的房子住！

專家邏輯上的謬誤

我稍微查了一下台灣的合計特殊出生率，居然 2013 年的數值是 1.065 而已，遠低於日本的 1.42。那如果按照日本專家的邏輯，現在台灣買不起房的年輕人，問題就有解啦！等著繼承就好了。

當然，我不是很同意這個觀點。從本書的 2-5 節就可以得知，其實有很多等著被繼承的房屋，其實是在沒有工作機會的郊區。到最後，這些繼承人還是會往都會區流動，不會住在爸媽留下來的舊屋裡。這也會導致郊區越來越便宜，都會區越來越貴。孫子們想住在都會區，還是得掏出大把的鈔票。

另外，專家們邏輯有待研議的部分，也忽略了一件事，就是「房屋也有耐用期限」的。一般郊區的木造建築，不可能給你繼承到孫子代的時候，房屋都完全不用補修。木造建築就算實際上讓你用到 60 年好了，如果真的孫子輩的要居住，也得打掉重建了，因此也不可能完全不用錢就可以有房子住。但至少如果是 RC 造的大樓型產品，只要管理維護做得好，住三代應該是不成問題。買屋時，慎選地點與產品真的很重要了。

2-10

今後的房市,會崩盤嗎?

　　日本的八卦雜誌作家也好,台灣旅日的某些人也罷,總是期待東京房價的大崩盤。因為這些人總是在低檔的時候因為無知及恐懼沒進場,等房價變高後,才來期望房價能夠暴跌。這一波新的房市循環,歷經了奧運決定、消費稅增稅、遺產稅稅改、中國股價崩盤、負利率、脫歐風暴……等。本篇最後一節,就讓我們來探討一下,為什麼我認為「東京都心的不動產,短期內沒有任何下跌可能性」的理由吧!

第一點:匯率問題

　　眾所皆知,川普當選後,他的經濟政策受到市場的青睞,美國股市漲翻天,近期與北韓的關係也看似有改善。日圓於本篇執筆時(2018 年 5 月),也在 110 圓左右低檔盤旋。日圓匯率會左右都心房屋的價格。日圓下跌,正好讓日本進口建築費上漲,墊高了建商的成本,間接反映在新屋的售價上,新屋上漲,也會連帶拉抬中古屋的價格。此外,東京都心精華區的房屋屬於國際買盤市場。日圓下跌,對於外資等購買日本不動產更是等於打折大優惠。因此,只要日圓持續在低檔盤旋,房價就不太有下跌的空間。

第二點：新屋供給方的手段

新屋的價格，我們都知道是由「土地 + 建築管銷成本 + 利益」計算而來。土地的取得，多半為興建前的一、兩年就開始了。因此即使面臨市場下修局面，建商也無法立即轉變興建計畫。而今，大樓型產品的建築用地上漲，許多旅館業為了應付與日俱增的觀光客，甚至不計成本在跟建商搶地。建商近期購地勢必取得成本會墊高，因此以後一定得貴貴賣，建商才有利可圖。

那……如何維持兩年後，市場價位還可以維持在「貴貴賣」的好況，讓建商能夠順利高價銷售呢？很簡單，將供給量縮起來就可以了。

近期日本不動產相關新聞所公布的數據，一直都在講說「首都圈新屋的發售量變少」。不懂的人，會以為是市況變差，所以供給變少。但懂的人，就知道這是建商從源頭管控供給量，以維持高房價的手法。內行看門道，外行看熱鬧嘛。

而為什麼這一招，在金融海嘯的時候沒效，但現在就會有效呢？道理也很簡單。金融海嘯前，有許多體質不健全的二、三線建商，他們以高融資的方式興建了大量的房屋，因此他們的財務體質不是很健全，講白話就是他們口袋不夠深。口袋不深，導致沒有能力挨過金融海嘯，只好大量拋售手中成屋，進而拉低了市場價格。但，這些體質不健全的二、三線建商，在金融海嘯時都死得差不多了，現在還留在市場上的開發商，都是體質健全的一哥，不是那些財閥系的，就是金融體系的，不

然就是電鐵系列的，他們的財務基盤相對穩定很多。而，少了這些二、三線的建商，目前市場上的新屋供給量，縮減至當時金融海嘯前的三分之一而已，因此在供給量有限的情況下，自然就不太容易因為大量供給，導致價位崩盤。

第三點：造價問題

除了第一點說的，日圓下跌會導致進口原物料上漲外，東京還有一個 2020 奧運，目前還有許多公共工程在做，因此缺工問題還是很嚴重。匯率問題導致原物料價格盪（down）不下來；奧運問題則導致人力成本盪（down）不下來，這也就是為什麼大樓造價不會下跌的兩個主因。

第四點：金融政策

日銀黑田總裁確定連任，任期至 2023 年 4 月。也就是說，現在日本寬鬆的貨幣政策，很有可能一直持續到 2023 年。當市場仍然是充滿熱錢，且維持史上超低利率，只會讓房價更難下跌。利息低到根本就是借錢不用利息，只會讓售屋者更沒有理由低價急售房屋。

第五點：人口動態

日本的人口確實持續減少，少子高齡化的浪潮擋不住。但東京都的人口卻是持續正成長。因為磁吸效應，將周遭地區縣市的人，都吸引到了東京工作。人口增加，就是對房屋的需求

增加，這更是穩住目前東京房價的一大要因。也就是説，漲，只會漲人口增加的東京精華區，其他都心以外的地區，可能你就別做夢説你的房子有支撐了。

第六點：觀光客暴增

旅日的觀光客一年比一年增加。2011 年時也才 620 萬人左右，但 2017 年時就已經突破了 2870 萬人。短短六年旅客人數暴增了 4.6 倍，旅館等住宿設施嚴重不足，使得很多原本不屬於旅館業的投資法人機構，看到有利可圖也跟著買地興建旅館。

觀光客增多，房間需求變大，自然就會拉高住宿費。住宿費變高，代表收益更多，若用收益還原法的觀點來看，住宿費的上漲，讓旅館業更敢砸大錢搶地。地價，怎麼會跌呢？

第七點：高資產節稅者的動態

日本的高資產階級很多，根據資金循環統計，老年人握有滿滿的現金。雖然超高層節稅的手法已經被政府盯上，但只是節稅空間變小而已，並非消失。把資產換成不動產，還是比現金的評價低。若這些老摳摳的有錢老人，想要在生前轉移資產，比起贈與現金，贈與不動產仍然會是相對划算的選擇。目前遺產稅的最高稅率為 55%，也就是説，即便將來房價跌三成，可能都還比現金繳稅更划算。

第八點：鑑價方式主流變為收益還原法

當初泡沫時代，之所以會吹出大泡泡，其實跟銀行的鑑價機制有很大的關係。以前大家不熟悉所謂的「收益還原法」（用投報率來衡量不動產價值的方法），當時的主流為「比價法」，因此只要有一個物件高價成交，銀行就會使用比價法，來斷定周遭的房產有相同的行情。就這樣一手換一手，房價越炒越高，但銀行卻沒有另一套準則來衡量這個不動產，是否究竟真的有這樣高的價值，因此就這樣吹出了大泡泡。

但近幾年，「收益還原法」已經成為了主流。銀行學聰明了，知道要注重你物件的收益性，因此現在銀行較能夠準確地預測一個物件將來收益的總和。使用收益還原法，也可以客觀衡量一個物件是否能夠在還款期限內清償房貸，因此對於房屋的價格，會有一條很清楚的上限價格以及下限價格在。就目前的東京都的房價，其實都還在銀行以及屋主回收租金可以承受的範圍之內，因此可以斷定說「目前的房價還不是泡沫」，所以也沒有崩盤的疑慮！不要因為房價高到你買不起了，就說是泡沫。千萬不要用自己的口袋深度，來衡量市場的高度。

就上述的八點，讓我可以很肯定地講：「短期內，東京都心不動產，沒有任何下跌的可能性」！注意：我是說「短期內」喔，不是長期喔。如果上述狀況有所改變，還是有可能對市況造成影響。

區域篇————

外國人想買的地方，日本人可能避之唯恐不及。買在哪裡才是上上之選？

作者長居東京，走遍大街小巷，為你揭開各地區的神秘面紗！

3-1

探索，東京都 23 區

　　日本全國的行政區，劃分為「都、道、府、縣」。「都」，就只有「東京都」；「道」，當然就是「北海道」；「府」，則是「京都府」跟「大阪府」；而「縣」，就有 43 個縣了。而其實光是一個「東京都」，就有 2,188 平方公里之大，幾乎快要等於我們台北市（271 平方公里）加上新北市（2,052 平方公里）的總和了。

　　而東京都，其實大致上可以分成左右兩部分。東京左半部有 20 幾個市（八王子市，府中市，立川市，三鷹市，小金井市等），右半部有 23 區。前者我們一般稱為「市部」或者「東京都下」，後者我們稱為「區部」。比起「市部」，東京「區部」的 23 區，其實才是東京的精華所在。

　　大家都說，如果要投資不動產，就要買在 23 區。是這樣講沒錯啦，不過其實光是這 23 區，它的面積也高達了 623 平方公里，也將近快要是台北市 12 區的 2.3 倍之多了。也就是因為範圍這麼廣，因此才會有投資家，直接主張將板橋區、北區、足立區、荒川區、葛飾區、江戶川區，這幾區排除在外，僅聚焦於剩下的 17 區。而更有經濟實力的人，就多半只看最精華的「港

區、千代田區、中央區、新宿區、澀谷區」這都心五區。就我們台灣朋友來日本投資，也多半都是集中在這都心五區而已。這一節，我們就稍微來淺談一下東京各區的樣貌吧。

超都心：千代田區、中央區、港區

千代田區可說是日本國的中心。除了大半都是皇居的腹地外，國會議事堂、參議院、眾議院、最高裁判所、警視廳、各國大使館、都位於此，因此，這一區可以說是國家權力的核心。另外，知名大學一橋大學、上智大學、法政大學、明治大學等處，也是在這一區裡面。因此，相當於台北的中正區博愛特區吧。書店街神保町，電器街秋葉原，以及由三菱地所所主導的大規模開發的東京車站丸之內一帶，也是屬於千代田區。

這裏雖然是東京的中心，不過就像一個甜甜圈一樣，中心是個空洞，居住人口不多，住宅的機能也比較薄弱。而這裡最高貴的住宅地段，莫過於「番町」一帶了，與皇居比鄰，一直以來都是住宅地公示地價排行榜的第一名，直到2018年，住宅地地王的地位才拱手讓人。（2018年住宅地地王：港區赤坂1丁目1424番1『港區赤坂1-14-11』／商業地地王：山野樂器銀座本店『中央區銀座4-5-6』）

中央區，比較像是金融商業重鎮。如銀座，日本橋一帶。也因為日銀跟東京證交所都位於此處，因此可以說是日本的經濟中心地。也有許多日本大公司的總部設立於此。說要像台北的哪裡喔，中山區的感覺，似乎有點像。而中央區的灣岸一帶，如勝鬨、晴海等，蓋滿了高層水岸超高層塔式住宅，還真的有點像是中山區裡面的大直。也因為晴海這裡將來會有奧運村，因此現在被形塑為新興住宅區。而此區的馬喰町、人形町等地，則屬於早期發展的下町（老街）。

　　港區，算是最精華，最具有身份地位的一區。例如東京都會的代表六本木、赤坂就是位於這一區。除此以外，高級，閑靜的住宅區：青山、麻布等，也是位於此區。你的住址上有個港區，就是有錢人的象徵，有了 3 Ａ（青山 Aoyama、麻布 Azabu、赤坂 Akasaka）或 1R（六本木 Roppongi），那更是身份地位的代表。南青山一帶，優質的店舖與餐廳，有如中山北路二段巷弄中的悠閒。再下來一點點，也有著名的麻布十番、白金台等知名住宅區，許多各國的大使館，也都聚集此處。六本木則是有如我們的東區及信義計畫區，好玩的夜店、餐廳及百貨公司林立，充斥著五光十色的年輕時尚男女。另外，廣尾的有栖川宮記念公園，也有如我們的大安森林公園，深受老外以及高資產階級的喜愛。另外，同屬於港區的品川車站一帶，則是東京新門戶。將來的磁浮列車，以及現在到羽田的機場快線都匯集於此，車站上方也有許多百貨公司，有如我們台北車站一帶六鐵共構。

　　港區，就像台灣的大安、松山區。有閑靜的住宅區，也有熱鬧的東區一樣。而一樣是港區裡面，新橋以及最近都更很夯的虎之門，則是屬於商業區，而不是住宅區。

　　這三區是東京都最精華、最中心的三區。一般日本的不動產專家也認為，中古物件能夠維持破億房價的，大概也就只有在這三區。在房價暴漲的這幾年，這三區的許多高級物件，價位少則漲 4 成，多則漲一倍。雖説這三處房價保值，真豪宅或許有保值的可能，但如果資金潮退，或者房市反轉時，條件沒這麼好，虛漲上來的假豪宅，很有可能面臨重挫的危機。

蛋黃都心五區：再加上澀谷區與新宿區

台北，大家都想擠進大安區，東京，雖然港區很棒，但其他區域的居住品質其實也不遜色。例如澀谷區。大家聽到澀谷，都是想到澀谷車站附近的雜亂。其實原宿、表參道等知名商圈，精品大道，甚至連新宿南口高島屋一帶，也都是澀谷區喔。就居住的區域上來說，澀谷區有濃厚時尚氣息的代官山、惠比壽。說像台北市的哪裡，可能天母一帶吧。不過代官山、惠比壽這些地方的交通，比天母方便多了。另外，台灣人較不熟悉的松濤、神山町與南平台，距離澀谷車站走路都不遠，但是卻是都內屈指的高級住宅區。

松濤一帶又被稱作是日本的比佛利山莊，其中又以一丁目一帶，蓋滿了許多透天豪宅，而且看得出來建築頗有特色。許多著名人以及企業主也居住於此，還真有點像是陽明山上獨棟的豪宅。

新宿區應該是台灣朋友最熟悉的地方。西新宿，超高層大樓，企業商辦林立，還有許多知名飯店，如京王，華盛頓，君悅酒店等。而東京都廳，也是位於西新宿，就像台北市政府位於信義計劃區一樣。因此西新宿就有點像是信義「計劃」區，因此又有「新宿副都心」的美名。而西新宿商辦大樓的外圍，隨著西新宿五、六丁目一帶的大規模的住宅開發，這裡也漸漸型成商辦區旁的住宅區。感覺倒是有點像新北市板橋的「新板特區」一帶。

　　東新宿，主要是吃喝玩樂，大買特買的地方。燈紅酒綠的歌舞伎町，以及百貨公司林立的新宿三丁目，韓國城大久保都是位於此一區域。也因此住的環境就比較沒那麼理想（店面跟商辦就另當別論了），但吃東西買東西還蠻方便的。因此，説他是東京版的林森北路，六條通，中山站一帶，似乎也説得過去。而東京著名的學生街，高田馬場，也在新宿區。週邊有許多語言學校，專門學校，以及著名的早稻田大學也坐落於此。而新宿區自古以來的住宅區，就屬於下落合一帶與市ヶ谷到神樂坂一帶了，因為算是早期的住宅，因此現在房價比起港區稍低，是個不錯的潛力區。

近郊閑靜住宅區：城南四區

　　俗稱城南一帶（品川區、目黑區、世田谷區、大田區），可以説是聞名的「低層高級住宅區」。東急電鐵集團很早就在此處插旗，如果各位來東京旅行時，應該有發現，從澀谷車站延伸出去的，大部分都是東急的鐵路線，如：東急東橫線，東急田園都市線等，而其他城南地區的地鐵運輸，也多是東急的地盤，如：東急池上線，東急目黑線，東急大井町線，東急世田谷線等。東急的創業者極有遠見，大規模近郊市鎮開發，拉鐵路線，每個車站附近也都有自家的賣場及超市。也就是因為這樣，才會造成東京，即使「城南地區」與「城東地區」兩者離東京車站的距離差不多，但因為完善的規劃及開發，導致兩者地價相差三倍之多。就有如果我們台北的西區與東區房價感覺一樣。所以「離東京車站的距離」，並不是衡量房價的唯一標準。

東急東橫線上的精華地區，有因為日劇走紅的中目黑。這裡也因為車站週邊最近剛完成的大規模再開發，中目黑也跟它上一站的代官山已經形成了一個商圈，每年賞櫻季，目黑川都會被朝聖的觀光人潮塞到水洩不通。這條線另外的投資熱點，自由之丘，也是獨樹一格的商圈。再往下走，甚至離開東京都，到了神奈川縣的「武藏小杉」，則是最近很熱的新興市鎮。大規模的市街開發，還有點像是林口的造鎮。而因為交通與生活機能日趨完善，也使得這裡的房價已經與東京都心精華區平起平坐了。

而世田谷區，面積很廣，是僅次於大田區的第二大區，同時也是一般東京都民心中的高級住宅區。當然，它比不上松濤，廣尾、麻布等正都心的一等地，但也的確住了許多非富即貴的人。

日本人，對於高級住宅區的想法，可能跟我們台灣人的想法有點出入。台灣想到高級住宅區，無非就是像「仁愛帝寶」，或者「信義計劃區」那一整排的豪宅區。當然，像是這類型的，在日本也被定義為很高級。如六本木之丘等。不過更是有許多人喜歡住的是安靜的低層住宅。日本的都市計劃法中，對於用途地域（用地區分），光是住宅系列的，就有一低層，二低層，一中高，二中高，一住居，二住居，準住居等七種（台灣很像是住一～住四）。而這裡面，又以一低層的規定最為嚴格。除了有建物限高 10 公尺或 12 公尺以外，就連超過一定規模的商店都不能開。而日本人，似乎特別喜歡這樣安靜不受打擾的環境。而世田谷最精華的地段就屬於「成城學園前」了，除了車

站附近的用地區分是「近鄰商業地域」跟「一中高」以外，全部都是「第一種低層住居專用地域」。就是因為這樣的住商分離，讓「成城學園前」，乃至于整個「世田谷區」在日本人的心中，變成了高級住宅區的代名詞。

至於大田區，是城南四區中價值最低的一區，空屋多，因此投資此區時務必對附近的小環境以及人口做更深入的研究。不過大田區田園調布一帶，則是都內中首屈一指的高級住宅區。

城西二區：中野與杉並，庶民文化色彩濃厚。

中野區，很廣。而中野車站附近有好幾個不同型態的商店街，以及賣動漫週邊產品的大樓，倒是有點像我們的「光華商場」＋「西門町萬年大樓」的感覺。除了中野車站外，新中野、中野坂上、中野新橋、東中野等，也是不錯的居住環境。到都心的距離不遠，房價也大概是中上價位，有點像我們的中、永和的感覺。當然，永和很擁擠，但中野沒有這麼擁擠的感覺。

杉並區，由於位於東京較西側的地方，因此地勢高，地盤穩。貫穿此區的 JR 中央線，可説是這一區的大動脈。高円寺、阿佐ヶ谷、荻窪都有很長的商店街，也由於較早開發，因此車站週邊較為雜亂。不過因為生活機能極佳，因此也吸引不少上班族入住。

城北六區：文京區、台東區、豐島區、北區、板橋區、練馬區

城北六區中，除了文京區以外，其他區域投資比較不建議。

文京區教育，出版業多，又曾經是許多文豪聚集處，因此文學氣息濃厚，比較像是我們台北的文山以及大同區。當然居住環境也不錯。

而根據 2014 年 5 月 8 日，日本創成會議發表的報告書，豐島區由於人口減少，且空屋率高達 15.8%，被認為東京都 23 區中唯一可能消失的區域。當然，同屬於此區的池袋車站附近不會有這個問題。池袋除了有許多大型百貨公司外，這裡可以說是中國人的大本營，周遭有許多販賣中國食品的商店。另外，有阿嬤銀座之稱的巢鴨，也位於此處。也由於山手線的上半環，房價比起下半環要便宜許多，因此這區的房價會比上述他區的房價親民一些。

城東六區：便宜不是沒道理

一般指的城東六區，為墨田區、江東區、荒川區、足立區、葛飾區、江戶川區。在現在都心其他地區房價狂漲的時代，這些區域的房價還是很便宜，甚至是都心精華區的半價至 1/3 價。2015 ～ 2016 年，都心、城南與城西，房價上漲了 20% ～ 30% 以上，到了 2017 年，終於輪到城東也開始落後補漲，漲了 10% 以上。但在東京人的眼中，這裡算是比較不好的區域，人文素養較差，收入低，地盤也不穩。所謂「環境形塑價格」，一個地區的房價高低，與其環境有絕對的關係。當然不是要一竿子打翻一船人，這些區域當中，也是有小環境很棒的區域，就有待各位自己深入探訪發覺了。

3-2

藏在地名的秘密

買房除了得考慮到你的建物耐震以外,更多日本人會考慮到的問題是土壤會不會液化,地盤穩不穩定等問題。就是因為害怕地震,因此東京沿海岸的灣岸地區,即使離銀座只有 2~3 公里的距離,還是讓它房價在 311 地震過後沈寂了一陣子,直到最近奧運話題,才又讓灣岸地區的房價起死回生。

買房,先看地名

一個地區的地名,其實多多少少隱含了這個地方到底地盤安不安定的線索。例如,地名當中,有什麼「池」,「水」,「谷」,「窪(久保),兩個都念為(くぼ)」,「沢」之類的,因為都跟水有關,所以可能地盤就不是很安定。因此,即使「池袋」,「下北沢」雖然並非在海邊,但從地名就可得知,它可能歷史上跟水脫不了關係。另外,地名有「橋」,「堤」的也是要注意。什麼時候會需要「橋」?當然就是有「河」才會需要橋啊。另外,聽到「谷」,就知道是地勢比較低的地方,因此你要買這裡的住宅之前,務必要稍微留意一下這裡是不是常常會淹水。

怎麼查呢？日本的各個市町村都有發行「洪水ハザードマップ（hazard map）」，網路上也可以下載
http://disapotal.gsi.go.jp/viewer/index.html

事實上，之前在「澀谷」，就曾經發生過大豪雨時，導致雨水從道玄坂那裡流進澀谷車站的地下街，造成嚴重的災情。另外，地名有「沼」的，也要格外小心，因為表示這裡以前是沼澤地，自然就會有地盤下陷的疑慮。

那什麼地方地盤比較穩定呢？地名當中，有「〇〇が丘」「台」「山」，似乎聽起來地盤就比較穩定。像是「自由が丘、聖蹟櫻ヶ丘」，「白金台、青葉台」，「代官山、御殿山」……等。剛剛提到的澀谷車站周邊，因為它是「谷」，所以會淹水，但旁邊走路不到十分鐘的高級住宅區「南平台」，因為它是「台」，地勢高，又穩定，因此才會發展成高級住宅區。

橫貫東京都心的主要鐵道「JR 中央線」、以及繞行都心一圈的環狀線「JR 山手線」，其大部分的車站名稱都看得出與地勢的關係。

中央線：荻「窪」、大「久保」（窪）、千駄ヶ「谷」、飯「田」橋、秋葉「原」……等。
山手線：新「橋」、品「川」、澀「谷」、「原」宿、上「野」、神「田」……等。

以澀谷周邊為例

谷底的旁邊是山坡，山坡的上面是高台。就舉「澀谷」的例子來說，看到它有「谷」這個字，就知道它在地勢上屬於谷底，而谷底多半都有河川流經，因此「澀谷」車站附近，的確有個「宇田川町」，只不過這條河川已經暗渠化，看不到了。「澀谷」車站右邊，有個「宮益坂」可以走到「青山」一帶；往左邊也有個「道玄坂」可以到高級住宅區「神山町」；而往南下去則是通往「代官山」。

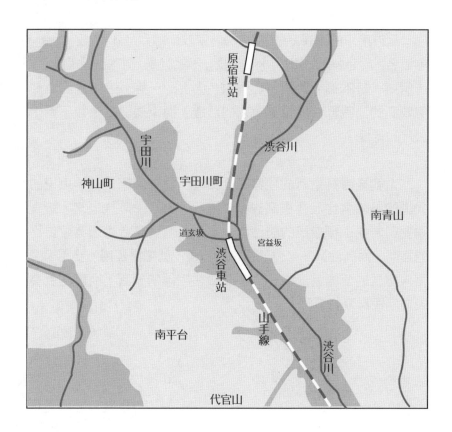

自古以來，日本人就喜居於高台處，因此就以「澀谷」周邊為例，我們可以得知「澀谷」車站由於地勢低，因此它本身並沒有發展成住宅區，而是發展成商業區。但鄰近著「澀谷」周邊的高台處，就是自古以來的高級住宅區「南平台」、「代官山」、以及「青山」。

像「澀谷」這樣的例子，在東京其實隨處可見。例如「初台」的旁邊是「幡ヶ谷」；「飯田橋」往上走就是「神樂坂」……等，非常有趣。

至於東京的東邊（皇居以東），就較少聽到「山」「丘」「台」等地名，反而多是「川」「洲」「橋」不然就是「江」或是「島」。（例如：日本橋、豐洲、江戶川、向島……等）。這是因為地勢較高的武藏野台地位於東京的西邊，而東邊都是海拔不到十公尺的低地。

也就是因為東西的地勢高低不同，當海嘯來襲時，東邊的受災的風險會比起西邊高許多。因此，自江戶時代以來，達官顯要們若要選擇自己的居住處，多半會選擇高台處來興建自己的官邸，而高台又多半位於東京的西邊，就這樣長期演變下來，富人群居的西側就形成了許多高級住宅區的聚落，而東側就發展成庶民群聚的下町。

3-3

東京房價的定律

　　房價上漲的時期，無論是哪個城市，都不會是一次全部同時起漲，會有先起漲的地方，之後再有落後補漲的地方。以台北市這幾年的情況來說，就是先漲市中心蛋黃區，再漲市中心蛋白區，最後才往蛋殼區漲。而台灣由於最有價值的地段，當然是在正中心的大安、信義等蛋黃區，也就是屬於「荷包蛋」結構。當然，東京最有價值的土地也是在正中心，但由於東京的住宅形態不同台北的「荷包蛋」結構，而是「甜甜圈」結構（中心居住的人口少，近郊居住的人口多），同時又因為都市發展的歷史與地盤結構的不同，因此漲價的漲法也和台北不太一樣，不是從中心向外擴散，而是呈現螺旋狀「の」字形的漲法。

「西高東低」與「南高北低」

　　東京首都圈（這裏指東京都全域、神奈川縣、埼玉縣、千葉縣）房價，長期以來都是呈現「西高東低」，「南高北低」的結構。例如一樣都是東京都的隔壁縣，但神奈川橫濱以及川崎等地的房價，就是高於千葉縣。一樣都是東京都，南邊的目黑區、世田谷區房價就是比北邊的豐島區以及板橋區等貴很多。

　　為什麼會這樣？其實很大的要素是因為地盤因素與環境因素。東邊地盤比較不穩，西邊地盤比較穩，比較因而自古以來有錢人就挑選地盤穩定的西邊居住。且早期東急電鐵創業者五島慶太，以及開發田園調布的澀澤榮一，都以西半邊為主要的開發區域。在「環境形朔價格」導致「富人群聚西側」的結果，導致東京西邊的地價與東邊地價甚至相差數倍之多。

　　日本的策略大師大前研一，就曾在自己的著作《日本の論点 2015~16》中提及，若要讓日本活性化，就應該改變「西高東低」的現狀，在東邊做好完善的大規模開發，例如在築地、勝どき、晴海等處做好完善的住宅規劃，讓銀座都心與這一帶形成「職住接近」的 24 小時都市。不過大師也在著作中提及，目前因奧運的開發，跟他心中的再開發計畫相差甚遠，因此他也認為現在的灣岸高房價是賣點，而不是買點。

「の」字形，東京房價關鍵字

　　就是因為這樣的「西高東低」因素，而導致歷史上，每次首都圈若是房價上漲，一定是從都心精華區開始漲，然後就像圖片中這樣，換城南地區（目黑、世田谷一帶），漲完後再往橫濱方面漲。等到神奈川這裏漲完，就會輪到東京市部（俗稱都下）漲。這些都漲完了，才會往埼玉漲，最後才是千葉縣。

　　其實對東京熟的朋友，一看到這樣的「の」字型，大概也就知道，其實剛好這個順序，就是精華區優先順序的排列。換句話說，最精華的地方就是都心五區，第二名就是城南，接下

來就是神奈川縣的橫濱與川崎等，過來才是東京都左邊那些交通很不方便的「市」。如果你連這些地方都買不起的人，就會考慮去買埼玉縣，最後才是千葉。

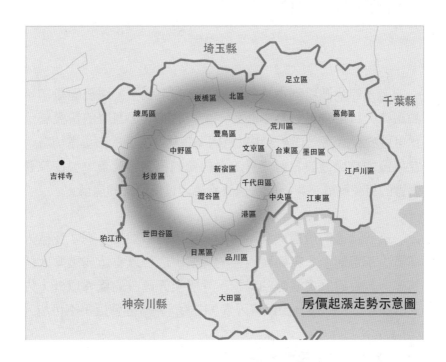

3-4

軸線翻轉？不可能！

上一節我們看到東京的房價「西高東低」，這已經是市場的鐵律。以東京車站為中心點，相同的距離，西邊的房價就是比東邊的房價高出許多。也就是因為這樣，許多房市專家認為，在東邊的交通建設日益完善，大規模的再開發計畫，會使東西兩邊的格差解消，東邊的房價將會急起直追西邊的房價。

東西兩邊的房價，會不會因此而「軸線翻轉」呢？我個人認為「不可能」。東邊與西邊的房價，之所以會造成這麼大的格差，是長期歷史演變的結果，除了後天建設的條件以外，先天的條件以及都市計畫政策因素，也使得軸線翻轉近乎不可能。

地勢及歷史因素導致西高東低

首先，為什麼東邊與西邊，會有這麼大的格差？原因就在於「地勢」。東京西邊屬於高台地形，武藏野台地，地盤相對穩定。但東邊屬於低地，且土壤液化的可能性高，因此自古以來，有錢人以及達官顯貴就住在西邊。在東京，要形成高級住宅區的首要條件，就是要位處「高台」。因為日本自古以來地震多，有錢人為了自身的安危，以及良好的高台眺望，會選擇

居住於高台地區。即使同樣是位於西邊，也會因為高台跟低窪地，有著很明顯的房價落差。

舉例來說，你在東京會發現一個很有趣的現象，就是許多地區，他的下坡低窪地區跟上坡高台地區，只是走路四、五分鐘的差距，但環境就是差個十萬八千里。例如北品川一帶，以山手線的軌道為界線，左邊是高台地形，右邊是低地。左邊的高台為御殿山，也就是傳統的城南五山高級住宅區，周邊盡是豪宅，但過了鐵軌走路四、五分鐘到了北品川，新馬場，環境就是濃濃的庶民味。

新宿區的下落合車站附近也有相同的情形，這個站週邊是低窪地區，即使是車站前方，卻也連幾間像樣的商店都沒有，附近也充斥著廉價出租公寓。但只要過了個馬路往高台上走，相隔不到兩分鐘路程的距離，立刻轉變為全部都是高級住宅大樓的目白高級住宅區。也就是因為這樣的先天條件，都是低窪地的東邊，在房價上要向西邊看齊，就不太可能了。

學歷等人文素養導致西高東低

另外，東西除了地勢高低格差以外，「學歷格差」也是個重要的關鍵。這樣說或許聽起來很勢利，不過房價與居住者的學歷高低有著很大的關係。根據國勢調查，位於東京車站以西的千代田區、港區、文京區、中央區、世田谷、澀谷區、杉並區、目黑區、新宿區等地區，擁有大學畢業學歷的人，比例都有超過 40%，但位於東京車站以東的墨田區、荒川區、江戶

川區、葛飾區等，大學畢業學歷者都只有 20% 初頭，足立區甚至只有 19%。好的學校也多半集中在西邊，昔有孟母三遷，有能力的家庭自然會為了小孩的就學問題，往西邊移動。

都市計畫等政策導致西高東西

再來，就是都市計畫上的政策因素。被規劃為「住宅區」的地方，顧名思義，就是為了保持它良好的居住環境。而被規劃為「工業區」，或者「準工業區」的地區，原本就會因為噪音或者污染，不適合人居住。攤開都市計畫圖，你就會發現到西邊較多規劃為「住宅區」的地方，偶爾會有「準工業區」，但「工業區」幾乎沒有。但東邊，則是有大片的「準工業區」，也有許多「工業區」。「準工業區」與「工業區」的差別，就在於「準工業區」不能有會使環境惡化的工廠，環境稍微比「工業區」好一點點。但即使是在西邊，只要是「準工業區」，即便是在港區，大概房價也好不到哪裡去。

就因為上述先天的、後天的、以及政策上的條件，較有經濟實力的人，自然而然地就會往西邊移動，而沒錢的，社會底層的邊緣人，則會往房價便宜的東邊移動。聚集的人種不同，地區上也會演變出截然不同的風格。交通系統，大規模市鎮再開發容易，但人文的素養，可不是一朝一夕就可以「軸線翻轉」的。

3-5

探訪，都內高級住宅區

　　台北的高級住宅區，大概首推就是信義計畫區松仁路那一帶的豪宅吧。那東京的高級住宅區到底在哪裡呢？除了超高層林立的 3A1R（麻布 Azabu、赤坂 Akasaka、青山 Aoyama 與六本木 Roppongi）外，許多日本的有錢人也喜歡低層、人口低密度的安靜純住宅區。如果你想買個可以長住久安的豪宅，或許可以來這些地方走走。

　　本節就為各位介紹幾個東京都心內的「高級住宅區」。也由於每個地方各有特色，因此下列排序並不是以優劣或者價位來做排序的。另外，狗有四條腿，但並不代表所有四條腿的動物都是狗。也就是說，一個地方是高級住宅區，但並不代表那裡的所有住宅都很高級，還是有個案以及小環境的差別。而本篇沒介紹到的地方，也不代表就不好，也是有許多小區塊很優良的住宅區，就等各位讀者親自來發掘。

　　基本上，中央區屬於商業區，住宅區的部分只有晴海一丁目、勝どき與明石町一帶（但那裡不高級），因此就本書的定義，中央區裡「沒有」高級住宅區。

千代田區

番町：皇居半藏門西側的高級住宅區，中高層豪宅大樓林立，周邊有不少學校與商辦。這裡也是千代田區唯一的住宅區，一直以來都是住宅地的地王，近兩年推案量有點多。首推緊鄰千鳥淵的一番町與三番町。

港區

南麻布 4、5 丁目：緊鄰廣尾車站以及有栖川宮紀念公園，許多國家大使館座落於此。擁有許多高格調的低層豪宅。

元麻布 2、3 丁目：有別於一丁目的準工業地區，元麻布二丁目位於高台，有許多高級低層住宅，但道路稍微小條了一點。離麻布十番商圈走路十分鐘的距離。三丁目則是緊鄰六本木之丘，有許多寺院，因此環境清幽。中國大使館亦座落於此。

其他還有白金台 5 丁目、白金 4 丁目……等。

澀谷區

松濤 1 丁目：這裡林立許多獨門獨院的大戶豪宅，反而是大樓型的產品比較少見。離澀谷商圈非常近。

大山町：代代木上原車站附近的住宅區，有許多傳統大戶老宅。優衣褲（Uniqlo）社長柳井正的 2600 坪豪宅，就是座落於此，據說市值高達 100 億日圓。

廣尾 2 丁目：剛好坐落於廣尾車站與惠比壽車站的中間，到哪個車站都大約走路 10 來分。夾雜著各種狹小住宅與高級低層住宅。環境清幽，但高級感比較少一點。

其他還有神山町、南平台町、富ヶ谷、代々木 5 丁目……等。

新宿區

下落合 2、3 丁目：這裡就是所謂的目白高級住宅區，有許多高檔的低層住宅林立，周邊也保有豐富的自然環境。地理位置剛好介於新宿以及池袋兩大商圈的正中間。

其他還有市谷砂土原町 3 丁目、若宮町……等。

都心五區以外的高級住宅區

目黑區：自由が丘 3 丁目、青葉台 2 丁目
品川區：東五反田 5 丁目、上大崎 2 丁目
文京區：本駒込 6 丁目、関口 2 丁目
豐島區：目白 3 丁目、駒込 4 丁目
杉並區：永福 3 丁目
練馬區：石神井町 6 丁目
大田區：田園調布 3 丁目
世田谷區：成城 6 丁目

3-6

高級住宅區，車站距離不是問題？

　　你買房時，首要考量的條件是什麼呢？相信應該許多人，都是希望離車站（捷運站）越近越好，最好是車站一分鐘。因為除了交通方便外，房價多半也都很保值。是的，如果你買的是一般住宅的話，離車站近，確是一個很重要的要素。不過，看完了上一篇的高級住宅區介紹，不知各位有沒有發覺，似乎裡面有許多地方都與這個房市鐵律相反。

你要的是「機能」，還是「環境」？

　　大多數的人買房，似乎「生活機能」優先於「生活環境」。但有錢人買房，則是「生活環境」優先於「生活機能」。在東京大部分的車站，離車站一分鐘的地方都是規劃為商業區。車站附近，各種商店林立，採買非常方便。但「熱鬧」，也就是代表著這裡不會有「清幽的環境」。也就是說，東京 23 區大部分的地方，「生活機能」往往與清幽的「生活環境」是無法並存的。

　　一般人，必須要每天上班上學。家裡沒菲傭，沒有專屬司機，一切都得自己來。也因此，每天上班上課通勤的路程，能

夠越近越好，採買生活日用品的商圈也是離家裡越近越好，才不會買個東西都要提著大包小包走得汗流夾背。但有錢人想的，似乎跟我們不太一樣。有錢人要的，是清幽的生活環境。離車站稍微遠一點沒關係（但也不要遠得太誇張），反正上班也是開車。更有錢的人，甚至會有專屬司機接送，根本不需要擠電車上下班及上下課。採買、煮飯等雜事大概也都有傭人幫貴婦太太做到好，又或者貴婦太太也會坐著計程車優雅地上街購物。因此，對於有錢人而言，「環境」似乎比「機能」還要重要一點。

市場流通性，首重車站距離

當然，我不得不說，離車站近的房子，市場性的確比較好，脫手容易又保值。對於一般人而言，房子應該佔了家庭總資產比例中很重的一部分，只要房價稍微下修個一、兩成，可能都會受不了。也因此，對於一般人而言，選擇市場性好，又保值的房屋，就顯得格外重要。但對於有錢人而言，房子在他們的眼中就只是消耗品，就是拿來住的。跌價，也影響不了他總財富多大的變化，就算砸了好幾千萬裝潢，儘管裝潢會折舊也不在乎，因為就是一個「爽」字。如果郭台銘買了一戶 20 幾億的旋轉豪宅，你覺得就算這 20 億跌到變 10 億，對郭董來講，有差嗎？

或許就是因為這樣，日本的高級住宅區，很多都離車站有些距離。例如「松濤」，就離「澀谷」走路要 10 分鐘以上，離「神泉」也要五分鐘以上。廣尾 2 丁目以及元麻布 2 丁目等處，離車站也都要十分鐘以上的路程。

　　不過注意，這些離車站遠的高級住宅區，其實背後代表的，有可能是「想買的買不到，想賣的賣不掉」！大部分有錢人買來自住，如果是很好的產品，他一定不會賣。因此如果你是一個有經濟實力的人，想要買這樣的產品，一時半刻可能不一定找得到，可能得稍微等個幾年，看有沒有機緣遇到。而如果有錢人要把這樣的產品拿出來賣，很有可能就是因為時機不好，做生意賠錢急需轉現金，不然幹嘛賣掉好住的自住房？既然時機不好，你要找到肯掏出兩、三億日圓以上的人來接手，可能也不容易。因此這類的高級住宅區，流通性也會比較弱一點。

　　當然，也有某些較獨一無二的產品，總是有一堆人排隊等著買。至於有沒有機會入手這樣的物件？就要你努力的程度以及機緣囉。

3-7

最想居住的人氣城市排行榜，假的！

每年到了一至三月的租屋旺季，總是會有許多網路文章，或者電視節目在報導今年的人氣城市排行榜。而且這樣的排行榜調查，往往不只一個，似乎各家不動產業者都會提出自家的版本。

往年，幾乎都是「吉祥寺」入選為「最想居住的地區排行榜第一名」。但似乎近幾年稍稍有變化。近年最常入榜的，大概就是武藏小杉、目黑以及惠比壽之類的。 最近由日本 Yahoo! 不動產所做的前十名，依序分別為：池袋、武藏小杉、荻窪、新宿、吉祥寺、澀谷、中野、惠比壽、中目黑、高円寺。

有人氣的，都不是高級地段

其實，你若仔細看一下榜單，你就會發覺這些地區似乎都不是我們所認知的高級住宅區。榜上不見松濤、麻布、廣尾、青山、白金台……。因此大概也知道，這樣的排行榜，問卷的對象多半都是問「出租族」。而且這些出租族，很多都還正在找出租房子的階段而已。也就是他們並不是真正住過池袋，才認為池袋是個好地方。他會想要住在中目黑，或許就只是因為去逛街、賞櫻花的時候，覺得這裡看起來很時尚，住在這裡似乎自己就可以跟名

媛貴婦畫上等號。又或者，這個調查根本就只是房仲公司「做」出來的。有可能因為這間公司在這樣的地方有許多案件待租，為了炒高知名度，刻意發布這樣的調查結果。如果你去問真正要買房子的人，或許會得到完全不一樣的答案。

但，這種調查就真的一點都不可相信嗎？倒也不是。也就是如果你的目的是要收租，或許這裡的出租套房 1R、1K 小宅很不錯，收租穩定也說不定。但如果你是在適合小套房的地點買家庭房，可能就不見得好租，也有可能將來賣不掉。因為養小孩的家庭，應該不想要住在池袋這種雜亂的環境當中。可能要住在離池袋車站有一段距離的目白，才是永住的環境。

每個人生階段的選擇都不同

那，榜上的熱門地段都不好？只有高級住宅區才是好的嗎？其實也不盡然。每個人的人生階段不同，適合的產品也不同。單身上班族會覺得池袋與新宿非常方便，生活機能充實，對於這些族群而言，機動性是很重要的。而對於剛結婚，開始要養小孩的家庭而言，或許會認為離車站稍微遠一些些也沒關係，只要附近有小型商店街就足夠。年紀 30~40 歲，已經是中高階主管級但還在拼事業的夫妻，可能會認為住在超高層塔式住宅，才可以彰顯自己的身份地位，上班、聚會等機動性又強。但如果是一定年紀以上的退休族，可能會想要住在安靜的低層住宅區。因為退休後在家的時間很長，因此比起喧鬧但方便的環境跟機動性，周邊的安寧以及有沒有公園可以去散步運動，才會是這些長輩心中最重要的考量點也說不定。

以購屋者為對象的調查，只是因為預算剛好

那有沒有以購屋者為對象所做的「想購屋地點的排行」調查呢？有的。仲介網站 HOME'S 就有做這樣的調查。從第 1 名到第 12 名分別為：船橋、目黑、浦和、戶塚、柏、流山おおたかの森、津田沼、町田、三鷹、大宮、勝どき、川越。

真的頗令人意外！為什麼買屋的人會想要買在這樣的地方呢？其實這個排行榜，是按照網路的收尋熱門度所做出來的。除了第二名的目黑以外，大概都是價位很便宜的地方。從這一點就可以看得出來，以目前一般受薪階級的預算，已經無法負擔都心的高房價，因此被「洗」出了都心，只能往便宜的地方去購屋。買這些地方，是迫於無奈，跟自己的荷包妥協後的「想要買的地點」，並不是打從心底真的愛這裡。至於目黑為什麼是第二名？這是因為 2015 年發售即完銷的超高層「Brillia 目黑」，引起了不小的話題，讓大家對於目黑的認知度爆表。因此大家「閒著」搜尋看看而已。

至於為何灣岸地區的「勝どき」會上榜？那是因為有許多（不是真正有錢，又自以為自己很有錢的）小資家庭，想要嘗試住住看超高層塔式住宅，過過癮罷了。而一般受薪階級可以負擔的價位，大概就是勝どき、晴海這種等級的地方。真正有實力的人，是不會買這裡的。

每個調查一定要瞭解它背後的涵義以及取樣的標準。如果你今天想要買個永住型的產品，但誤信這種人氣城市排行榜，買在小套房多的商業地帶，除了你自己會住得不開心以外，將來要賣或許也不是那麼容易。

3-8

綿密的捷運交通網

　　台北如果説到捷運網路，就只有「台北捷運公司」一間公司而已，所有的路線都歸他們管。世界上很多國家的首都，其捷運系統也都跟台北的一樣，一間公司獨大，並有系統地整合其路線，使之能夠互補，建構完善的交通網。

　　不過東京這個城市，因為一些歷史背景，以及它真的太大了，大到有些人認為東京已經不只是 Metropolis（大都市），而是 Megalopolis（由好幾個大都市串聯而成的巨大城市），因此也使得這個城市的捷運網路，比起其他地方都相對複雜。就有許多人也開玩笑地説，一旦你搞懂了東京捷運網絡，大概全世界的捷運，都是小兒科了吧。

四大交通網

　　一、東日本旅客鉄道株式會社的「JR（Japan Railway）東日本」
　　二、東京都交通局的「都營地下鐵」
　　三、東京地下鉄道株式會社的「東京メトロ（Tokyo Metro）」
　　四、東急、小田急、京王、東武、西武……等民間公司所營運的「私鐵」。

　　東京的捷運路網，各位讀者朋友可以大致上把它分為四個系統。 這四大系統，早期還不像現在這麼方便，當初每家公司各自的票卡，就只能搭乘自家公司的系統，所幸近年來的積極統合，使得無論是 JR 的「SUICA」，還是 Tokyo Metro 的「PASMO」（兩者皆類似我們的悠遊卡），都能夠「一卡八達通」。讓乘客轉乘沒煩惱。只不過跨系統搭乘，票價上會比較貴。

　　這四者，其實在某個層面上，也算是處於相互競爭的立場。你要從 A 地區到 B 地區，有時候不會只有一種路線可以選擇，常常多達兩者，甚至三種以上的交通方式可選擇。例如：如果要從「新宿」到「池袋」，除了可以選擇「JR 山手線」以外，也可以選擇「Tokyo Metro」的「副都心線」，從「新宿三丁目」站搭乘至「池袋」站。如果你時間太多的話，甚至可以選擇搭「丸之內線」繞一圈。新宿車站周邊很大，想要搭哪條路線，其實也可以看你人在哪裏？離哪條電車線的進出口近。想要從「澀谷」到「東京」車站，亦不只一種路線。你也可以選擇搭「銀座線」至「赤坂見付」轉搭「丸之內線」，雖然要轉車，但是只要 17 分鐘。當然，你也可以選擇搭乘不用轉車，但要繞半圈耗時 24 分鐘的「JR 山手線」。

JR（Japan Railway）東日本

　　先來談談 JR 好了。JR 原本是國營的鐵路，目前已經民營化為股份有限公司。它在東京的定位，就有點像是我們的台鐵。因為他的線路多半是「縣市間」的移動。就像我們的台鐵，是從台北市搭到桃園縣、新竹縣一樣，JR 大部份的路線，也都是

從東京都到外縣市的線路。例如：要去神奈川縣橫濱或鎌倉的「JR橫須賀線」、去蠟筆小新家埼玉縣的「JR埼京線」、以及國人旅遊常去的千葉縣迪士尼樂園，都會搭乘的「JR京葉線」等。唯有都心的環狀線「山手線」，以及行經都心部分路段的「中央‧總武線」，功能等同於我們的台北捷運，屬於都會地區的交通網。

而就房價部分，其實只要這兩條路線沿線的房價，似乎就是票房的保證。甚至有些人，就是堅持要住在中央線沿線。這也就說明了，為什麼三鷹、吉祥寺明明已經是市郊了，但房價卻等同於，甚至高於都心五區某些地點的緣故了。

「Tokyo Metro」與「都營地下鐵」

而要說地位等同於我們「台北捷運」的，應該就是「Tokyo Metro」的九條線，與「都營地下鐵」的四條線了吧。

1927年銀座線	1954年丸ノ内線	1961年日比谷線	1964年東西線	1969年千代田線
1974年有楽町線	1978年半蔵門線	2000年南北線	2008年副都心線	
1960年都営浅草線	1968年都営三田線	1978年都営新宿線	1991年都営大江戸線	

由於一些歷史上的因素，以及鐵路建設競爭的緣故，導致都心部地下鐵系統目前有兩間不同的公司營運。「Tokyo Metro」原本屬於日本國與東京都出資的「帝都高速度交通營團」營運，目前已經民營化，股份仍由政府以及東京都持有，曾經

還有一度傳聞要 IPO 上市。而「都營地下鐵」，顧名思義，就是由東京都交通局管轄的。而這 13 條線，從 1927 年開業的第一條線「銀座線」，至 2008 年最新通車的「副都心線」，可以說是東京都心的血管，緊密地將各個區域串連起來。

各家私鐵

至於「東急電鉄」、「小田急電鉄」、「京王電鉄」、「東武鉄道」、「西武鉄道」、「京成電鉄」以及「京急電鉄」等由民間公司所營運的「私鐵」，則是補足「Tokyo Metro」與「都營地下鐵」等都心交通網的不足，扮演著將一般上班族，從近郊的住宅區，連接到都心精華區上班的角色。大部份私鐵都是從都心往近郊區跑，因此沿線的房價會略遜於 JR 山手線、中央線以及「Tokyo Metro」、「都營地下鐵」等沿線。

不過「東急電鐵」沿線，可以說是個例外。它所經過的城南一帶，雖然屬於近郊，但卻有許多站，都是一般日本人眼中的高級住宅區。也因此東急沿線的許多住宅區，很多地區會高於其他私鐵沿線房價，甚至高於部分「Tokyo Metro」與「都營地下鐵」車站的房價。此外，「小田急線」的「代々木上原」與「成城學園前」、以及「京王線」的「調布」，雖然不屬於東急沿線，但也是公認的高級住宅區。

許多私鐵電車，從郊區運行到都心後，會原班車接著繼續運行 Tokyo Metro 的路線，讓你可以不需換車，就可以換線，這稱做「直通」。例如：從「東急東橫」線的「祐天寺」，若要

到「副都心線」的「東新宿」，從路線圖上看起來，似乎得在「澀谷」車站轉乘，但其實乘客只要坐著不動，不用下車，電車會自動在「澀谷」車站就原班車切換成副都心線（但不是每班車都有直通）。這樣的例子很多，像是「京王新線」直通「都營新宿線」；「東急田園都市線」直通「半藏門線」；「東急目黑線」直通「南北線」及「都營三田線」⋯⋯等。

「特急」？「各停」？傻傻分不清。

另外，私鐵各站買房時，還有一個重要的留意點，就是這個車站是「什麼種類」的班次會停。由於私鐵多半跑郊區，離都心都有一段距離，想當然爾，私鐵沿線的居住人口以及車站使用人口，會遠比都心的「Tokyo Metro」以及「都營地下鐵」還要少很多。因此私鐵的電車，又分成「特急」、「急行」、「快速」、「準急」、「各駅停車（各停）」⋯⋯等（各家名詞稍有不同）。一般來講，「特急」只會停大站；「急行」則是大站、中等規模的車站會停；「各停」則是大、中、小站每一站都停。

如果你買的房子屬於「特急」停車站，代表它是個大站，便利性較高，同時房價也會相對高。若你購買的地區只有「各停」的班次會停，則相對代表這個地區人口較少，等待班次的時間也會較長。若你住在「各停」的車站，要到都心上班，你可以選擇搭上車後慢慢晃到公司所在的那一站，或是選擇往前或往後搭個一、兩站至「急行」或「特急」的停車站轉車，會比較快抵達。因此只有停「各停」的車站，其周邊房價也會相對便宜一些。這一點，投資私鐵車站沿線不可不知。

3-9

環狀道路與房市

我們在看東京的房子時，多半會以捷運路線圖來看這個區域，通勤是否方便。但其實，也有不少開車族，買房時是以道路交通的便捷性在做考量的。這一節，我們就稍微來看一下，東京的八個環狀道路。

東京的中心，就是皇居。以皇居為中心，東京的計畫環狀道路總共有八條，環狀一號線～環狀八號線，向外擴散。不過真正唯一有完結成一個圈圈的，只有環狀一號線，如圖，剛好就是皇居繞一圈。

一般來說，環狀一號線～六號線，都不習慣以「環一」、「環二」……這樣的稱呼來講，會以它各自區段的路名來稱呼，如「環一」右邊區段的「日比谷通り」、「環二」的「外堀通」。只有最外圍的「環七」跟「環八」，會用這個名稱來稱呼。

環狀一、二號線

「環一（環狀一號線）」的旁邊，就是番町住宅區，各位朋友來日本賞櫻時，最喜歡的千鳥ヶ淵，也是在「環一」裡面。

而「環一」到「環二」之間的，無論是右上邊的商業區神田、秋葉原，還是左邊的住宅區番町，都是價值不菲，屢屢登上地價排行榜前幾名的一區。

環狀二號線，下半環剛好是近幾年積極開發的虎之門地區。從虎之門往汐留這一段，也是麥克阿瑟將軍當時規劃的路線，因此又稱作麥克阿瑟大道。由於道路整修拓寬，且因為奧運，將來將會連結至晴海的選手村。

外苑東通與外苑西通

環狀三號線（外苑東通）跟環狀四號線（外苑西通），其實目前仍有許多未完成的區間，所以整體上斷斷續續的。而雖然「環三」跟「環四」雖然都已經有開通到東邊的墨田區與江東區，但其實右半環的資產價值，遠不及左半環內的資產價值。

明治通與山手通

環狀五號線，左半邊其實大部分就是「明治通」。幾乎與 JR 的山手線平行，從惠比壽、澀谷、新宿，再一直延伸到池袋、王子一帶。環狀六號線，其實大部分就是「山手通」。

資產價值由內往外遞減

一般來講，環狀六號線的外圍，就算是近郊地區了。而「環六」以外的區域，電車也大多不是 Tokyo Metro，而是由各家私鐵來行駛路線。由北往南，分別是西武、京王、小田急的鐵路線，最下面城南地區則是東急的鐵路。而「環六」以內的區域，由於大部分就是由 Tokyo Metro，都營線等都會型的捷運系統運行，

因此房價的確就跟台北的模式一樣，越是中心的蛋黃，越貴，越是外圍，價位越遞減。（當然各個區域還是有其特色以及交通上跟環境上的加分減分因素），不過大致上，房價就是從「環一」～「環六」，逐漸遞減。另外，隅田川以東的房價不去探討，因為那裡比起西邊，價位便宜很多。

環七以外的房價，看車站大小及環境

但「環六」～「環八」外圍的房價，可就不是這樣了。由於「環六」以西的地區，行駛的路線都是私鐵居多，而且也都屬於住宅區類型的地域。同時，又因為私鐵的車站都有各停、準急、特急 ... 等等車種之分，因此有些是大站，有些是小站。房價不會是向外遞減，而是要看其個別環境，以及車站停車車種的便利性而定。就像「環八」外圍的成城學園，就會比「環七」內的「經堂」、「梅ケ丘」等地還要貴。

另外，「環六」以內屬於都心，因此建商推案的產品絕大部分都是大樓型產品（マンション）。「環七」以外，則主推木造透天型的產品（一戶建て）。

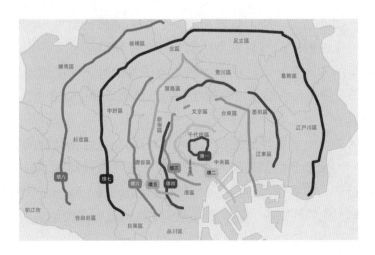

3-10

如何避開地雷區

　　俗話説千金買屋，萬金買鄰。你買房子，除了想要買到好屋以外，鄰居也很重要。如果鄰居素養太差，或者環境太糟，你的房價租金都會直直落。當然，除了你的左鄰右舍重要以外，周遭的大環境也很重要。買屋，其實等於是買環境。因為你買了房子，裡面如果格局不喜歡，裝潢不合用，只要花錢打掉重做即可，但是一旦買到環境差的地方，除非你換屋，不然，錢再多也無法解決。因此，慎選環境很重要。

從周遭的氛圍來判斷

　　一個地區優不優，我們可以從它車站周遭的環境來判斷。例如，車站附近有沒有很多小鋼珠店。小鋼珠店越多，表示無所事事的人越多，居住的人品質也好不到哪裡去。高級一點的住宅區，像是目白站附近，就連一間小鋼珠店都沒有。

　　另外，一個區域的住民水準，也可以從書店裡面賣的書看出來。如果很多商業叢書、專業書籍，就代表這裡住了很多高知識份子。如果是擺一些不太用花腦袋看的書，或一些沒營養的雜誌、色情刊物等，就代表這裡的居民素養就是那個層次。

商店的種類，也多少可以觀察出這個地方居民的氣息。餐廳種類是許多單身族的外食餐廳、還是全家大小會去光顧的家庭餐廳？咖啡廳是一堆人在抽煙、抑或是文青路線的星巴克？超市種類是便宜的廉價超市（如業務超市）、還是高雅貴婦會去的高檔超市（如成城石井、Queen＇s Isetan、紀ノ国屋超市）？這些都是重要的觀察指標。甚至連販賣機飲料的價位，也可以觀察出一個地區的所得。是賣一些 80 元，沒聽過品牌的飲料呢、還是有賣超過 130 圓，較有名氣的廠商？

如果你是投資出租物件，那這個區域周遭的建築物，是以單身出租電梯大樓為主呢？還是以老舊木造破公寓為主？兩者雖然都是出租市場，但產品定位完全不同，主要的租客客群也就完全不同。

「最不想住的地雷區」網路排行榜

曾經有日本網友，根據自己與不動產業者的見解，在網路上公布了「最不想住的地雷區前五名」。依序分別為：第五名「龜有」、第四名「吉祥寺」、第三名「台場地區」、第二名「信濃町」第一名「大久保、歌舞伎町」一帶。

吉祥寺之所以排在第四名，其原因為離都心遠，且房租偏高。不想住台場的理由，除了土壤液化的風險外，不外乎就是交通不方便、生活機能不佳。你可以想像一下，在上下班的尖峰時刻，大家都要擠在車廂很小、班次又少的「百合海鷗號」，就不難理解為什麼他們不想住這裡了。第二名的信濃町，可能

是跟某宗教政治團體總部在此有關。而第一名的大久保跟歌舞伎町一帶，是出了名的風化區，治安也不好，環境也雜亂，自然也就得到了堂堂第一名的殊榮。

不過地雷區，並不代表賺不到錢喔。如果你以投資的角度來看，像是歌舞伎町，租給賣水的（日文指特種行業）雖然高風險，但卻可以帶來高投報；灣岸地區雖然有液化的可能性，但是卻因為奧運利多，漲幅可是名列前茅。因此要怎麼買，還是要看你個人可以承受的風險以及投資的策略了。

重要的資訊網站

我們外國人，購買東京屋，除了耳聞日本朋友，或者依賴網路資訊獲取對於某個區域的基本印象以外，其實較難深入了解一個區域的特性。這裏介紹各位幾個東京買房，不可不知的網站。

凶宅網：

http://www.oshimaland.co.jp/

買房子最怕買到凶宅，也就是「事故物件（じこぶっけん）」。這個網站叫做「大島てる」，是免費的凶宅查詢網，點進去之後，你會發現其實東京凶宅無所不在。

犯罪情報地圖：

http://www2.wagmap.jp/jouhomap/

這個網站，可以讓你看到任何你想查的地區，犯罪率到底如何。且也可以依照犯罪的種費來查詢。

建案鄉民討論版：

http://www.mansion-note.com/

http://www.e-mansion.co.jp/

這兩個是建案的討論版。不過有時會有同業散播不實流言或個人主觀的批判，因此需要自己理智過濾內容。

實戰篇 ———

權力關係怎麼看？法令限制知多少！價格投報不合理？教你買屋這樣算！了解交易全流程，讓你買賣一次成！都市計畫一點通，魔鬼藏在細節中。

4
Practical
experience

4-1

買賣房屋找仲介

　　「宅建業」的全名是「宅地建物取引業」，就是「不動產交易業者」的意思。你買新屋找建商，而買中古屋，則是透過仲介業者。這些在日本通通都算是「宅建業」，因此都受到「宅建業法」的規範。兩者在交易上最大的不同，在於直接找建商購買，不需要仲介費；但如果是透過仲介業者購買中古屋，則依情況需要給業者一筆可觀的仲介費用。不過，雖然說買新屋可以節省一筆仲介費，但是如果你是購買大樓型產品的話，往往需要另外預先支付一筆修繕基金，有時這筆金額甚至高達房價的 1%，但如果你是購買中古屋，則不需要付，因為前屋主已經於購買時付過了。買新，買舊各有優缺點，全看各位自己的喜好以及投資策略。

購買新成屋

　　先來講新成屋市場好了。新成屋的銷售型態，大致上有兩種型態。第一種型態，就是建商直接銷售，第二種型態，就是建商透過販賣代理店（也就是代銷）銷售。日本的大建商，如三井不動產，住友不動產，三菱地所，野村不動產……等，因為公司大，且本身俱有銷售的經驗與知識，因此多半自己銷售，

或者委託給自己的子公司銷售，因此不用再分給代銷賺。當然，你找他們購買，是不需要支付任何仲介費用的。

而第二種型態，就是自己沒有做銷售這一部分，只有負責產品的規劃跟建造，而銷售就委由代銷公司。就例如，新日鐵不動產，委託伊藤忠販賣代理……等。也因為銷售新成屋，一次就供給好幾十戶至上百戶，數量很可觀，因此需要有一定的銷售技巧。像是分期銷售時，應該先拿哪幾戶出來賣？要怎麼從客人的話語當中，判斷出購買的意願及成交機率？以及人氣房型抽籤時，應該怎麼「做」？……等等。如果沒經驗的公司自己亂賣，恐怕只會在第一時間，好的樓層跟面向一次全數賣出，而較差的樓層擺在那裡賣不掉，甚至價錢賣得太便宜也不一定。因此沒有這方面 Know How 的公司，委託代銷，才可以創造雙贏（建商跟代銷雙贏）。而這種消費者透過代銷購屋的途徑，也是不需要支付任何仲介費用的，是由建商事後給再給代銷公司事先談好的成交佣金。

中古屋仲介業者收費標準

但如果是中古屋的話呢？當然就找仲介業者購買囉。雖然說透過仲介購買，需要支付房仲業者一筆仲介費用，不過根據業法的規定，有收費的上限。如果你的房屋總價為 200 萬日圓以下，則業者可以向買方及賣方各收取成交價的 5% 作為仲介費用；如果房屋總價介於 200 萬日圓至 400 萬日圓之間，收費上限為成交價的 4%+2 萬日圓；若房價超超過 400 萬日圓以上，則收費上限為成交價的 3%+6 萬日圓。如果你委託的仲介公司

為消費稅課稅業者（大部份都是），那麼以上的仲介費用價格，還得再加上 8% 的消費稅（2019 年 10 月起增為 10%）。因此實際計算方式如下：

200 萬日圓以下：
（成交價 ×5%）×1.08

200 萬~400 萬日圓：
（成交價 ×4%+2 萬日圓）×1.08

400 萬日圓以上：
（成交價 ×3%+6 萬日圓）×1.08

　　舉個例子來説，如果你今天購買了一間 1,000 萬日圓的房屋，則仲介業的收費上限就是（1,000 萬日圓 ×3%+6 萬日圓）×1.08 ＝ 38 萬 8,800 日圓。若業者跟你收取超出以上的費用，他就是違反業法，最重是可以被判刑一年以下或 100 萬日圓以下的罰款的。

售屋時，委賣契約分三種

　　如果您想要出售自己的房屋，原則上跟房仲業者之間，有三種合約可以選擇。「一般媒介契約」、「專任媒介契約」以及「專屬專任媒介契約」三種。

　　第一種「一般媒介契約」，就是賣方除了可以委託多家業者販售外，也可以自己找親戚朋友來購買。因此這種合約，仲

介業者並沒有將你的物件登錄指定流通網（REINS 全國房仲業都可以看到的網站）的義務，自然你的物件「觸及率」就會少很多。不過就是因為這樣，往往這種合約，房仲不會專心幫你賣房子。因為有可能他幫你找到客人後，你已經先行跟別的業者的客戶簽約了。

第二種「專任媒介契約」，就是賣方只能委託單一家仲介業者委賣，因此業法才規定，為了增加產品曝光度，業者需要在接到委售物件的七日內，將物件登錄到指定流通網給全國房仲販售，同時也必須每兩週就得向屋主回報一次委售情況。另外，為了保護屋主，這種合約只能簽三個月，以防你遇到一個不會賣的爛房仲，又無法找別人賣。但這種合約，屋主可以自己找親朋好友買。

第三種「專屬專任媒介契約」，跟第二種一樣，只能委託單一公司賣，唯一的不同，就是屋主並不可以自己找親朋好友購買。也因為這種合約等於代表了此間房仲的獨賣權，因此房仲會最努力幫你賣，他們也最希望可以跟客人簽這種合約。房仲必須每週跟屋主報告一次售屋進度。規定比第二種略微嚴格。

慎選仲介很重要

購買人生地不熟的海外房產，最重要的可以說是帶你進場的「人」。好的業務帶你上天堂，不好的業務會讓你住套房。這幾年有許多海外購屋者，自己不好好做功課，又隨便找了個半路出家、只想賺錢卻沒有專業知識與職業道德的仲介。買的

人只因為價錢便宜，而忽略到了區域上的租賃市場以及房屋出售的市場是否活絡，導致買了之後，房客退租後要再招租時，原本購買的仲介早就落跑。不得已去找別間房仲，但也因為物件本身地點偏僻、出租困難，別間仲介也不願意做，而慘遭套牢。

等到發現租不掉後，想說乾脆賣掉，結果要賣的時候才發現根本買貴了！當初賣你的仲介故意賣你高價屋，是因為可以從中獲取更高的回扣或獎金。房屋買貴了，又租不掉，就只好繼續空在那裡，或者慘賠三、四成斷頭出場。

購買海外房時，自己做足功課，找到好的公司、好的業務員才是海外資置產成功的不二法則。

4-2

購屋流程走一遍

　　外國人在日本要置產，並沒有什麼特別的限制條件。頂多會要求你簽下你與黑道，洗錢等無關的文件，否則賠償房價 80% 之類的條款而已。至於要走怎樣的程序？倒也不用太擔心。其實現在台灣多了許多代理日本全新屋的業者，以及中古屋的業者。舉凡管理，出售，幾乎就跟你在國內買房一樣容易。他們要賺你的錢，一定會耐心為你服務到底。如果有銀行貸款，會多一些流程。

第一步：出價斡旋

　　01. 首先，你看中意的房子，必須先填一份「申込書（意願書）」，來表明你的購買意願，並保留你的出價順位。當然，這個階段都不用付任何費用。雖然有所謂的「申込証拠金（類似我們的斡旋金）」，但其實在日本這筆錢沒什麼實質的意義。因為只要斡旋不成，建商或者是房仲必須立刻返還。因此實務上傾向不收此筆費用。

　　02. 接下來，如果價位喬妥了，賣方願意賣，買方也願意買，這時建商或房仲就會先安排「重要事項説明」，由合格的「宅

地建物取引士（類似台灣的不動產經紀人）」來說明物件詳細。當然，在簽約之前，所有的事情都不算數。你聽完重要事項說明之後也還可以後悔，屋主也可以突然反悔不賣。

03. 殺價要在寫意願書之前，先請房仲幫你探口風，或者詢問建商的業務人員。當然你也可以寫意願書時，就直接寫你想殺價的價格。

第二步：重要事項說明與簽約

04. 接下來就是簽約。記住，「簽約」一定是在「重要事項說明」之後。因為我們台灣朋友是特地飛到東京簽約，所以建商多半會把「重要事項說明」跟「簽約」安排在同一天。不過一定是「先重說」「再簽約」。

05. 在簽完約的當下，就要匯房仲或建商指定的訂金「手付金（てつけきん）」，有些是 10 萬，有些是成交價的 10%，看各個建商的情況。如果金額不大，多半是簽約當下直接收授現金，如果金額較大，會在簽完約後，請你趕快跑到隔壁的銀行匯款，而賣方跟仲介們則是在會議桌上閒話家常等入帳。在繳完「手付金（訂金）」之後，在一定的期限內，你可以反悔不買，只不過會沒收訂金。賣方也可以反悔不賣，只不過除了還你訂金外，他還必須賠你一倍的訂金，這跟台灣一樣。唯一有點不太一樣的是，一旦過了合約上寫的「手付解除の期限」，這時候反悔不買可就不是賠訂金而已囉，對方是可以對你要損害賠償的，可能高達房價的 20%，這點一定要注意。

第三步:貸款融資

06. 簽約後,如果你要找銀行貸款,就是這個時候去找銀行貸款。目前有些銀行會提供「事前」審查的作業,讓你在簽約前,幫你鑑價。各家銀行的程序以及規定不同,請自行向往來銀行確認。

07. 關於貸款,大家最想問的問題,就屬「能不能找日本的銀行貸款」了。如果你在日本有穩定的工作,目前三菱 UFJ 銀行有承作這樣的房貸。不過如果你在日本沒工作,是台灣的上班族,那就無法找日本的銀行貸款,只能找在日本有分行的台灣本土銀行。

第四步:準備登記文件

08. 日本買屋登記時,需要台灣的「戶籍謄本」跟「印鑑證明」。申請正本後,翻譯成日文,再交給司法書士即可。

第五步:清算尾款與交屋

09. 接下來,就等銀行貸款核准下來,銀行會匯給建商,你再把剩下的自備款以及公租公課等一些稅金清算後的錢匯給建商後,就可以交屋了。

10. 交屋前,再把剛剛那堆認證文件交給建商或房仲配合的司法書士,他們會幫你拿去登記,有貸款的話,銀行這裡的司

法書士也會拿去設定抵押權等。若有貸款，銀行還會強制你加入火險地震險，然後抵押權設定為銀行，以免你房子若地震震垮或者火災燒掉，銀行求償無門。當然，這些司法書士登記的費用以及保險費用全部都要你自己出。

11. 交屋當天，司法書士就會開始跑登記所有權的流程。這點跟台灣有點不一樣，台灣都先登記完，才交屋。（因為日本的法律沒有強制要求買屋一定要去做所有權登記，但不登記，到最後如果被二重買賣，倒楣的還是你自己。）

12. 交屋給你鑰匙後，就可以敲定看哪天要搬進去，然後先通知瓦斯，電力，以及水公司來開通，就可以開入厝趴囉！若你是當房東收租的，就從交屋（**決済**）這天開始，房租收入就是算你的了。

第六步：相關費用及稅金

13. 別忘記每個月繳房貸以及管理費用跟修繕費用。如果你是向大建商購買，則他們可以帶你去配合的銀行開「非居住者日圓帳戶」，可以從這裡面扣繳管理費用等。但這個帳戶無法收到匯款，因此你如果把房子租出去，也無法用這個帳戶來收房租，一定是得透過代租代管公司分人家賺。

14. 再過幾個月，不動產取得稅的單子就會寄來，再拿去便利商店繳就可以了。每年也還有固定資產稅跟都市計畫稅的單子會寄來要你繳。怕忘記？沒關係，你的房仲或日本朋友可以

當你的納稅管理人，可於不動產完成登記後，再前往不動產所在地的都稅事務所填寫資料提出申請即可。

關於出價斡旋

基本上，無論跟建商買新屋，還是透過房仲買中古屋，程序都是差不多的。向建商買，多半建商開出來的價格，就是他們想要賣的價格，因此殺價空間也不大。當然，現在也有許多建商故意開高價，賣不懂行情的外國人，想要多賺你一大筆。關於這點，就要你自己勤做功課，了解行情了。

透過仲介買中古屋呢？自從東京房市開始上漲後，許多屋主都故意亂開高價。像是預售時買 1 億日圓的房屋，交屋後就拿來賣 1.4 億的投資客大有人在（行情頂多就 1.2 億）。因此，透過仲介向屋主購買的做法，大概是買方詳細做功課後，在申込書（購屋意願書）寫上您想購買的價格來出價，用寫的表示自己的購買誠意，而不是只是探探價錢。不過如果亂開低價，偏離市場行情太多，對方連回都不會回你。因為好的物件，是不會等你的。如果有合理價格的買方出現，很快就會被成交出去。但如果你自己功課沒做好，直接照原價買，你要當凱子我也不反對！

4-3

融資操作有眉角

　　我們台灣人，要在日本貸款購屋，可以找第一銀行、台灣銀行、中國信託、彰化銀行以及兆豐銀行等。詳細的貸款流程與規定，請洽詢各銀行。這一篇，我們就來看看貸款有哪些眉角要留意。

還款方式有兩種

　　還款的方式，有分成「元金均等（本金平均攤還）」與「元利均等（本息平均攤還）」兩種。

　　「元金均等」就是每個月償還「固定金額的本金」＋「越來越少的利息」的還款方式。因此每個月要繳的貸款數字都不一定。由於每個月都會償還到固定金額的本金，所以會隨著本金部分越減越少，利息部分也會越來越少。這種方式的好處，就是一開始就以一定的速度在還本金，才不會說錢都繳到利息去了。但壞處就是理財規劃比較不容易。因為每個月的期付金是變動的。

　　而「元利均等」的方式，則為「每個月還款的本金＋利息」

都是一定的數字。因為每個月的還款數字都一樣，因此這種方式的好處就是便於個人的理財規劃。

但貸款的最初幾年，你繳掉的房貸期付金，有很大的一部份都是在繳利息，而真正還到本金的部分比較少，所以會導致整體上利息繳得比較多。換句話說，就是總體上，這種還款方式將要繳掉的利息會比較多。也就是「元金均等」整體償還上，會比「元利均等」更划算。

假設若以貸款金額 3,000 萬日圓，利率 3%，期間 30 年為例，那麼「元利均等」所繳掉的總利息為 15,533,236 日圓，「元金均等」所繳掉的總利息為 13,537,500 日圓。兩者相差 1,995,736 日圓（相差將近 200 萬日圓）。

大額還款要注意

銀行借你錢，就是要賺你的利息錢。因此大部份的銀行會規定，如果提前大額還款（日文為「繰上げ返済」），會扣多少成數的手續費。另外，也有些銀行會規定多久之內不能還清全額，若一次清償，會有可觀的違約金。也因為這些銀行都是台灣在東京的分行，因此行員很多都是台灣人。貸款時，一定要詳細地問清楚關於事先還款等事宜。

增貸台灣宅，投資東京屋

最近有不少人，為了投資東京不動產，開始動起了自己台灣宅的歪腦筋。想說東京高投報，所以打算把自己台灣的房屋，

再向銀行增貸出來，作為東京買屋的頭期款，然後欲購買的東京屋也打算用貸款。也就是想要來個高槓桿的無本生意。但我可以跟你講，這麼做必死無疑！

原因很簡單。首先，你原本打著東京高投報，收進來的房租可以完全繳貸款，但你忽略了一點。就是你看到的東京高投報，只是表面投報率而已。此外，東京目前房價已高，投報率已經沒有你預估的這麼好了，且還有空屋以及稅金等其他費用等著你。因此這麼做，很有可能到最後，你的現金流還是為負，還是得從台灣再搬錢來貼補東京屋的房貸。

第二點，現在台灣房市正在反轉。在你的台灣宅房價可能下跌的前提下，我不認為銀行還會讓你增貸現金出來。就算你信用良好，增貸到了，如果哪天台灣房價下滑太多，你的房屋擔保價值不足，銀行是有可能叫你先大額還款，補齊房價跌掉的部分（回去看看你的房貸合約），否則你的台灣宅將會面臨斷頭被法拍的命運。

到時候，如果你想要賣東京屋，來救台灣宅，事情可能不會有你想像中的順利。到時東京屋可能因為房價已高，而導致買方縮手，又或者是東京房價觸頂反轉向下，價格掉到比你買的時候還要低。這時，除非你賤價賣，不然東京屋很有可能賣不掉。

這樣高槓桿的遊戲，如果你本錢不夠厚，可能到時候，東京屋跟台灣宅都留不住。投資有風險，一定要控制在自己可以掌握的範圍內。

4-4

登記謄本這樣看

　　買房子的時候，調閱謄本查詢權利登記，是一個很重要的步驟。不止在台灣，當然在日本也一樣。至於要去哪裡調閱呢？只要去該不動產管轄的法務局，在機器輸入欲調閱不動產的地號與建號（不是輸入地址，詳見 4-6 節），再到旁邊窗口花個600 日圓購買印紙（印花）貼上，即可領取。任何人都可以調閱。

　　那謄本怎麼看呢？其實因為日本都是電子化的（台灣也是），直接去法務局電腦連線調閱電子記錄的，因此現在已經不是用「手寫」的了。而用字遣詞龜毛的日本人，自然也就捨棄了「謄本」這個用詞，把它的正式名稱叫做「登記事項證明書」。

　　土地、建物，各有一份登記事項證明書。但如果你買的物件，是已經是有做「敷地權設定」的大樓，就會統合登記成一份。所謂的「敷地權」，簡單來說，就是把共用部分的土地跟你專用部分的建物登記在一起，以節省登記手續以及成本。也由於我們台灣朋友赴日購買的，多半是購買這種已經有敷地權的大樓，因此這裡的實例，就舉這樣的案例一起來看吧。

　　登記記錄的內容，可以分成「表題部」（見標示①），以及「權利部」（見標示②）兩大部分。

表題部

　　「表題部」就相當於我們台灣的「土地（建物）標示部」，記載關於這個不動產的所在，大小，登記原因及日期等物理上的要素。日本如果是一般透天厝，則土地部分，建物部分，會各有一份登記事項證明書，每一份的構成都是一個「表題部」，兩個「權利部」（甲區＆乙區）。而如果你買的是登記敷地權的大樓產品，就只會有一份登記事項證明書。這時，「表題部」就會有兩個，一個是「整棟建物的表示」，另一個表題部則是你所買的房間，也就是「專有部分建物的表示」如圖。從這個實例，我們可以得知這個建物的「所在」為「中野區彌生町一丁目１番地９」，而「家屋番號」為「彌生町一丁目１番地９の３０３」（也就是 303 號房）。這一長串文字，可不是你的「住址」喔，詳細我們會在 4-6 節介紹。

登記事項證明書

2014/08/05 14:54 現在の情報です。

専有部分の家屋番号	1-9-101 ～ 1-9-103 1-9-105 ～ 1-9-108 1-9-110 ～
	1-9-112 1-9-201 ～ 1-9-203 1-9-205 ～ 1-9-208
	1-9-210 ～ 1-9-213 1-9-301 ～ 1-9-303 1-9-305 ～
	1-9-308 1-9-310 ～ 1-9-312 1-9-401 ～ 1-9-403
	1-9-405 ～ 1-9-407

❶

表　題　部	（一棟の建物の表示）	調製	平成7年7月6日	所在図番号	余　白

所　在	中野区弥生町一丁目　1番地9		余　白
建物の名称	メゾン・ド・エテール		余　白

①　構　　造	②　床　面　積　㎡	原因及びその日付〔登記の日付〕
鉄筋コンクリート造陸屋根地下1階付4階建	1階　　148：01 2階　　161：69 3階　　147：37 4階　　　90：27 地下1階　18：15	余　白
余　白	余　白	昭和63年法務省令第37号附則第2条第2項の規定により移記 平成7年7月6日

表　題　部	（敷地権の目的である土地の表示）				
①土地の符号	②　所　在　及　び　地　番	③地　目	④　地　積　㎡	登　記　の　日　付	
1	中野区弥生町一丁目1番9	宅地	326：54	昭和59年12月24日	

表　題　部	（専有部分の建物の表示）	不動産番号	0112000149252
家屋番号	弥生町一丁目　1番9の303		余　白
建物の名称	303		余　白

①　種　類	②　構　　造	③　床　面　積　㎡	原因及びその日付〔登記の日付〕
居宅	鉄筋コンクリート造1階建	3階部分　　12：02	昭和59年12月16日新築
余　白	余　白	余　白	昭和63年法務省令第37号附則第2条第2項の規定により移記 平成7年7月6日

表　題　部	（敷地権の表示）		
①土地の符号	②敷地権の種類	③　敷　地　権　の　割　合	原因及びその日付〔登記の日付〕
1	所有権	52272分の1372	昭和59年12月16日　敷地権〔昭和59年12月24日〕

❷

権　利　部　（甲　区）	（所　有　権　に　関　す　る　事　項）		
順位番号	登　記　の　目　的	受付年月日・受付番号	権　利　者　そ　の　他　の　事　項
1	所有権移転	平成2年5月7日 第10395号	原因　平成2年4月26日売買 所有者　練馬区中村北一丁目16番4-302号 菅　野　英　孝 順位2番の登記を移記
付記1号	1番登記名義人住所変更	平成20年7月28日 第14501号	原因　平成10年1月25日住所移転 住所　練馬区向山二丁目22番10号
	余　白	余　白	昭和63年法務省令第37号附則第2条第2項の規定により移記 平成7年7月6日
2	所有権移転	平成20年7月28日 第14502号	原因　平成20年7月28日売買 所有者　石川県金沢市太陽が丘二丁目152番地 鈴　木　智　博
3	所有権移転	平成25年2月1日 第1915号	原因　平成25年2月1日売買 所有者　神奈川県三浦郡葉山町一色642番地の5 池　守　五　十　三

❹

❸

権　利　部（乙　区）　　（所　有　権　以　外　の　権　利　に　関　す　る　事　項）			
順位番号	登　記　の　目　的	受付年月日・受付番号	権　利　者　そ　の　他　の　事　項
1	抵当権設定	平成2年5月7日 第10396号	原因　平成2年4月26日金銭消費貸借同日設定 債権額　金2，290万円 利息　年8・268％ 損害金　年14・6％　年365日日割計算 債務者　練馬区中村北一丁目6番4－302号 　菅野英孝 抵当権者　港区浜松町二丁目4番1号 　オ　リ　ッ　ク　ス　株　式　会　社 順位3番の登記を移記
	［余白］	［余白］	昭和63年法務省令第37号附則第2条第2項の規定により移記 平成7年7月6日
2	1番抵当権抹消	平成9年12月5日 第27960号	原因　平成9年11月25日解除
3	抵当権設定	平成20年12月10日 第23444号	原因　平成20年12月1日金銭消費貸借同日設定 債権額　金500万円 利息　年4・400％（年12分の1の月利計算） 損害金　年14％（年365日の日割計算） 債務者　石川県金沢市太陽が丘一丁目152番地 　鈴　木　智　博 抵当権者　静岡県沼津市通横町23番地 　ス　ル　ガ　銀　行　株　式　会　社 　（取扱店　ダイレクトワン支店） 共同担保　目録㈲第3577号
4	抵当権設定	平成20年12月10日 第23445号	原因　平成20年11月26日金銭消費貸借同日設定 債権額　金730万円 利息　年4・600％（年12分の1の月利計算） 損害金　年14％（年365日の日割計算） 債務者　石川県金沢市太陽が丘一丁目152番地 　鈴　木　智　博 抵当権者　静岡県沼津市通横町23番地 　ス　ル　ガ　銀　行　株　式　会　社 　（取扱店　ダイレクトワン支店） 共同担保　目録㈲第3578号
5	4番抵当権抹消	平成23年7月15日 第13909号	原因　平成23年7月15日解除
6	3番抵当権抹消	平成25年2月1日 第1914号	原因　平成25年2月1日解除

❺

共　同　担　保　目　録			
記号及び番号　　㈲第3577号			調製　平成20年12月10日
番　号	担保の目的である権利の表示	順位番号	予　　備
1	中野区弥生町一丁目　1番地9　家屋番号　弥生町一丁目　1番9の303の建物 敷地権の表示　符号1　中野区弥生町一丁目1番9の土地の所有権52272分の1372	3	平成25年2月1日受付第1914号抹消
2	東京法務局　渋谷出張所 渋谷区恵比寿一丁目　50番5の土地 鈴木智博持分	［余白］	［余白］
3	東京法務局　渋谷出張所 渋谷区恵比寿一丁目　50番地5　家屋番号　恵比寿一丁目　50番5の18の建物	［余白］	［余白］
	［余白］	［余白］	平成25年2月1日全部抹消

共　同　担　保　目　録			
記号及び番号　　㈲第3578号			調製　平成20年12月10日
番　号	担保の目的である権利の表示	順位番号	予　　備
1	中野区弥生町一丁目　1番地9　家屋番号　弥生町一丁目　1番9の303の建物 敷地権の表示　符号1　中野区弥生町一丁目1番9の土地の所有権52272分の1372	4	平成23年7月15日受付第13909号抹消
2	東京法務局 文京区千駄木二丁目　272番地2　家屋番号千駄木二丁目　272番2の1003の建物 敷地権の表示　符号1　文京区千駄木二丁目272番2の土地の所有権106625分の2385	［余白］	［余白］
	［余白］	［余白］	平成23年7月15日全部抹消

＊　下線のあるものは抹消事項であることを示す。

145

權利部甲區

而「權利部」，日本又分成「權利部（甲區）」（見標示②）跟「權利部（乙區）」（見標示③）。

「權利部（甲區）」，就相當於我們台灣的「土地（建物）所有權部」，這裡標示了關於該不動產從第一手到目前為止，所有的屋主所有權，以及轉移登記。看這裡，就可以知道這個物件曾經什麼時候，轉手過幾次了。

從這個物件我們可以看得出目前權利部的第 3 筆資料，這就是現在的所有者「池守五十三」（見標示④）。可以看得到他的住址，知道他住在神奈川縣，也知道他是平成 25 年（2013年）購買此屋的。

權利部乙區

「權利部（乙區）」，就相當於我們台灣的「土地（建物）他項權利部」，這裡標示了除了所有權以外的權利。如銀行設定的抵押權，地上權，地役權，永小作權……等。看這裡，就知道屋主目前有沒有將這個不動產抵押給銀行，借房貸等等。

另外，劃底線的部分，表示這個權利已經失效塗銷了。也就是如果之前的屋主賣給了現任屋主，那麼之前的屋主的資料，就會畫上底線。若抵押權部分畫下了底線，表示屋主已經把錢還清，銀行將這個抵押權塗銷了。

從這個案例我們可以看出來，「權利部（乙區）」的第5以及第6欄，分別標明了第3欄跟第4欄的抵押權塗銷，表示現任屋主沒有欠銀行錢。

共同擔保目錄

而最後面的「共同擔保目錄」，則是表示這個物件如果有跟其他的物件同時設定擔保，就會登記在此處。舉例來說，如果你跟銀行借了一千萬日圓來做生意，銀行當然不會只要你一間評價額才幾百萬的小套房來擔保，會希望越多間擔保越好，因此，同一個債權，如果有複數不動產設為抵押擔保，就會顯示在這裡。

例如「權利部（乙區）」的第3欄右下角，就有加註共同擔保目錄為 3577 號（見標示⑤），因此只要去找最下方的共同擔保目錄 3577 號的部分就可以知道，還有哪幾筆不動產，被設定為同一個債權的擔保了。

4-5

面積表示有兩種

　　我們在台灣買房子，建商都會把公設灌進你的權狀面積裡，以致於你買了 50 坪的房子，實際上的室內使用空間可能只有 30 坪不到。日本購屋沒有這樣的情形，公設是不列入面積計算的。不過，你買到的房子，不見得就是建商廣告單上的大小喔。

　　來，這裡有兩間房子。

1・專有面積：67.36 ㎡（壁芯）

2・專有面積；65.14 ㎡（內法）　哪間比較大呢？

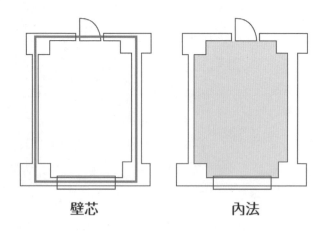

壁芯　　　　　　　內法

小間的比較大！

乍看之下，似乎第一間比較大。但是實際上，第二間才是比較大的。其實，日本的建物面積表示方法，有兩種。一種是「壁芯（へきしん／かべしん）面積」，另一種則是「內法（うちのり）面積」。所謂的「壁芯面積」，指得就是「從你家的柱子的中心線，以及跟隔壁鄰居的那道牆的中心線，量出來的面積」。至於「內法面積」，就是「從牆壁內側量出來，也就是你的手摸得到的，你生活上實際使用的面積」。這兩種不同的測量方法，有時會相差有 5% ～ 10% 之多的面積。因此，如果你買房前，是用平方公尺單價在與其他物件做行情比價的，記得看清楚你算的是哪一個面積。不然越是小的物件，算出來單價差距越多喔。

差一點，稅金差很大。

當然，仲介以及建商在賣屋時，要用哪種標示方式做廣告是他的自由。不過想當然爾，為了讓廣告看起來好看一點，大部份的建商＆房仲都會使用看起來較大的「壁芯面積」。但實際上，你在登記時，登記簿謄本上面會寫出來的，是較實際的「內法面積」。各位可以翻回上一節的登記事項證明書，看看「專有部分建物表示」的表題部，「床面積（地板面積）」的部分就知道，那一間房間實際可以用到的「內法面積」為 12.02 ㎡。順道一提，這個物件當初建商廣告時，所採用的「壁芯面積」為 13.72 ㎡。

這個問題跟我們外國人用現金買房可能沒什麼差，但對於日本貸款購屋族來說，這個問題不可忽視。日本的房屋貸款控除，以及登錄免許稅等稅務上的優惠，都一定要是 50 ㎡（約 15 坪）以上的住宅，才可以享有這樣的優惠。當然，稅金的優惠是依據登記簿謄本上的面積為基準的。因此，如果你不小心買了一間「51.68 ㎡（壁芯）」的房子，恭喜你，你的謄本上，可能只有 47~48 ㎡，剛好好死不死，無法接受減稅等優惠，到時候可得多繳個好幾十萬的稅金了。因此如果你買的是這種面積尷尬的物件，當你要出貨給下一個跟你接手的日本人時，有可能因為差一點面積，而導致無法接受優惠時，對方就不跟你買了。

議決權，看壁芯面積

另外，我們台灣的管委會在做重要決議時，多半都是「一間房子算一票」，但是日本的管委會（管理組合）在做決議時，常常要達到兩個門檻。第一個就是像台灣的，一間一票的，這種叫做「區分所有者」，另外一個門檻叫做「議決權」。所謂的「議決權」，就是從你的房子面積去算出來的。舉個例子，905 號房為 25 ㎡（約 7.56 坪）的小套房，1201 號房為 60 ㎡（約 18.15 坪）的 2LDK 產品。如果在台灣，這兩間的投票權，都是一間一票。但在日本，除了要達到一間一票的「區分所有者」門檻外，還得達到房子面積大小的「議決權」的門檻。很明顯地，這兩間的「區分所有者」部分，是一樣的，都是一票，但「議決權」的部分，1201 比 905 有力多了，因此住大間的人，講話會比較大聲。例如當你整棟大樓要都更改建，除了「區分

所有者」要達到 4/5 的門檻以外，還得要「議決權」也達到 4/5 以上才行 。也就是說，如果都是小間的那幾間贊成都更，雖然這些小間人數有超過全體人數的 4/5，但是只要有幾間很大間的房型，他們幾戶不同意，讓你的「議決權」無法超過 4/5，都更計劃還是付諸流水。

而這裡的「議決權」，就是從管委會那裡登記的面積來換算出來的，而管委會那裡登記的面積，也有許多是以上述的「壁芯面積」來做基準的喔。

4-6

地址表示也兩種

　　還記得我們在 4-4 節，介紹登記事項證明書時，曾經提到「所在」、「家屋番號」以及寄信時寫給郵差看的「地址」是不同嗎。前者是根據「不動產登記法」，而後者則是根據「住居表示法（住居表示に関する法律）」的表示。

不動產登記法的叫「所在」

　　每一筆土地，都有自己的號碼，這叫做「地番」（類似我們的地號），而每筆土地上面的建物，就給予它自己的「家屋番號」（類似我們的建號）。這兩者，我們就稱之為物件的「所在」。關於不動產的登記，或者是不動產的交易合約，一律都以這一組為準。因此如果你要去法務局，查詢一個不動產的資訊，如果不知道「所在」（也就是地番以及家屋番號），是沒有辦法查詢到的。不過有些法務局有提供他們管轄內的區域，利用「住所」來找「所在」的服務。

　　在古時候，日本人的祖宗在劃分土地時，並沒有説以特別的順序或邏輯來劃分，以至於到了現代，每一筆土地的編碼，都沒有什麼順序性可言。因此若是使用「所在」，要找尋一個地方，非常地不容易。所以才會發展出另一種表示的方式。

住居表示法的叫「住所」

有別於上述的「所在」，如果你要寫信給朋友，或是用 Google Map 找地址導航，你要輸入的，必須是「住所」（正式名稱為「住居表示」）。由於上述的「所在」非常難找，因此政府認為有必要重新彙整一套讓大家都好找的系統，所以日本於 1962 年實施制定了這個「住居表示法」。不過由於這套系統是專門用來尋找建物的，也因此空地，以及荒郊野外的土地不會有「住居表示」。

甚至有些年代久遠的建築物，還會有鄰近兩棟建築物的「住居表示都一樣」，郵差也只能靠信件上註明大樓名稱才可明辨到底是要寄哪一棟！不是只有鄉下這樣，連都會區也這樣，我在我家附近，至少就遇過兩次以上比鄰的兩棟建築「住所（住居表示）」一模一樣的。也就是因為這樣，不動產的登記還是以「所在」為主。

所以當你簽房屋合約時，也別嚇了一跳說：「疑？為什麼合約書上寫的地址，跟我那天去現場看到的地址不一樣啊！」。

「住所」（住居表示）怎麼看？

來到了日本，興致沖沖要去看自己購買的物件時，在手機導航上，要輸入的是「住所」而不是「所在（地番、家屋番號）」。輸入「所在」是找不到的。而日本的「住所」，又跟我們台灣的「地址」表示不太一樣。我們台灣的路，都有路名。因此我

們都是「xx 市 xx 區 xx 路（街）xx 號 xx 樓」。但日本的路，除了大馬路以外，大部份是沒有名稱的。因此日本的住所表示不像我們還有路，還有巷弄。

舉個虛構的地址：

『兵庫県　神戸市　朝霧南町　4-20-3　リバーハイム　203号』

　　這個住所怎麼看呢？「兵庫縣」跟「神戶市」這部分我們就不用多做解釋了吧，跟台灣一樣。而「朝霧南町」這部分，代表的是「町名」，也就是這個地區的名稱，類似我們的「雙連」或者「江子翠」之類的。

　　而那一連串的數字「4-20-3」是簡寫，正式的寫法為「四丁目　２０番地の３」。依序代表的，就是「朝霧南町的第四鄰里」中的第 20 個街區（類似 Block）的第三棟建築物。接下來的「リバーハイム」則是建築物的名稱，最後 203 號室才是房間號碼，代表 2 樓的第 03 號房。

　　這種標示法，跟我們台灣的習慣有很大的不同。幸好科技日新月異，現在只要輸入到手機內，自動就會幫你定位好了。下次在日本找地址時，不妨可以留意一下這樣地圖上的劃分喔。

4-7

都市計畫知多少

　　你買了一塊地，可不是想要怎麼蓋就怎麼蓋。有來過日本的朋友都知道，日本的街道整齊美麗，居住環境優良舒適。這全都歸功於有良好的都市計畫。之前在網路上曾經看過一篇文章，敘述一個日本人在泡沫經濟時期，買了「市街化調整區域」的用地，準備等有朝一日，日本政府將其變更為「商業用地」，好來發大財的文章。但是如果稍微了解都市計畫法的人就知道，這根本是天方夜譚。除非地主有權有勢，可以跟政府機關掛鉤（基本上日本政府不可能），變更用地，不然這就好比期待屏東的農地，會變身為信義計畫區一般的美夢。

　　日本的國土，可以分成「都市計畫區域」以及「都市計畫區域外」。另外，在「都市計畫區域外」的地方，還可以將部份指定為「準都市計畫區域」。

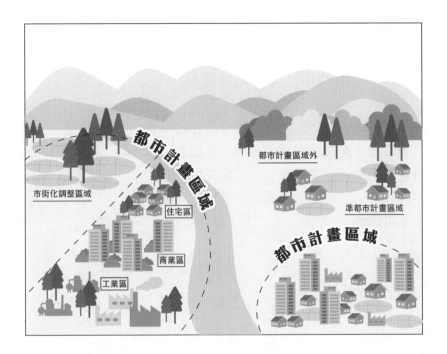

都市計畫的區域內

　　而在「都市計畫區域」內，若有必要性，還可區分為「市街化區域」以及「市街化調整區域」。所謂的「市街化區域」，就是已經成形的市街區，或者十年內要優先發展市街化的區域。而「市街化調整區域」則是要「抑制」市街發展的地方。對，就是政府不希望這個區域發展起來。也就是因為「市街化區域」為政府優先想要發展的地方，因此會在「市街化區域內」訂定更具體的「用途地域」（用地區分）。看是你這個地區是要發展成住宅區呢，還是商業區，或者是工業區。

用途地域 12 種

日本的用途地域，總共有 12 種。

住宅系列的 7 種：「第一種低層住居專用地域（一低層）」、「第二種低層住居專用地域（二低層）」、「第一種中高層住居專用地域（一中高）」、「第二種中高層住居專用地域（二中高）」、「第一種住居專用地域（一住居）」、「第二種住居專用地域（二住居）」以及「準住居地域（準住居）」。

商業系列的則有 2 種：「鄰近商業地域（近商）」、「商業地域（商業）」。

工業系列的則有 3 種：「準工業地域（準工）」、「工業地域（工業）」、「工業專用地域（工專）」。

每個區域都有限制什麼用途的建築物可以興建，什麼用途的建築物不可興建。下表為各區域大致上的限制。更詳細的內容，可參照國土交通省的網站：

http://www.ktr.mlit.go.jp/city_park/soshiki/city_park_soshiki00000007.html

區域建築限制表

	一低層	二低層	一中高	二中高	一住居	二住居	準住居	近商	商業	準工	工業	工專
住宅、小規模兼用住宅、共同住宅	○	○	○	○	○	○	○	○	○	○	○	X
幼稚園、國小、國中、高中	○	○	○	○	○	○	○	○	○	○	X	X
保育院、診所、神社、寺院、教會	○	○	○	○	○	○	○	○	○	○	○	○
醫院、大學	X	X	○	○	○	○	○	○	○	○	X	X
兩層樓以下且樓地板面積150㎡以內的店鋪、飲食店	X	○	○	○	○	○	○	○	○	○	○	△
兩層樓以下且樓地板面積1500㎡以內的商場、飲食店	X	X	500㎡以內	○	○	○	○	○	○	○	○	X
三層樓以上或者樓地板面積超過1500㎡的商場、飲食店	X	X	X	X	3000㎡以內	○	○	○	○	○	○	X
事務所	X	X	X	2樓以下150㎡以內		○	○	○	○	○	○	○
飯店、日式旅館	X	X	X	X		○	○	○	○	○	X	X
高爾夫練習場	X	X	X	X		○	○	○	○	○	X	X
小鋼珠店、麻將店	X	X	X	X	X	○	○	○	○	○	X	X
卡拉OK包廂店	X	X	X	X	X	○	○	○	○	○	○	○
兩層樓以下且樓地板面積300㎡以內的獨立車庫	X	X	○	○	○	○	○	○	○	○	○	○
專營倉儲業的倉庫、上記以外的獨立車庫	X	X	X	X	X	X	無樓層面積限制					
劇場、電影院	X	X	X	X	X	X	X	客席樓地板面積未滿200㎡	○	○	X	X
汽車修理工廠	X	X	X	X	50㎡以內			150㎡以內	300㎡以內	○	○	○
危險性或者環境惡化疑慮非常少的工廠	X	X	X	X	50㎡以內（有動力等限制）			150㎡以內（有動力等限制）		○	○	○
危險性或者環境惡化疑慮少的工廠	X	X	X	X	X	X	X			○	○	○
危險性或者環境惡化疑慮稍多的工廠	X	X	X	X	X	X	X	X	X	X	○	○
危險性大，或者環境惡化疑慮大的工廠	X	X	X	X	X	X	X	X	X	X	X	○

　　因此，如果你今天打算經營旅館，而在用途地域「第二種中高層住居專用地域」買了一塊地，那麼恭喜你，這塊地大概就只能拿來自己蓋房子來住了。

用途地域內的其他地域地區

　　用途地域內，除了有前述的表格規定外，有時還有其他的地域地區的規定，來補完上述規定不足的地方。例如：「特別用途地域」，就可以指定某個地區為文教區。如果依照上表，照理說在「二住居」內，原本是可以開小鋼珠店的，但如果這個區域因為附近有小學，因此可能會被指定為「文教區」，這樣就不能開小鋼珠店了。

　　此外，還有「高度地區」，用來限制建築物的最高限度以及最低限度；「高度利用地區」，規定容積率的最高限度及最低限度；以及「防火，準防火地區」，規定一定規模的建物，一定要使用耐火建材。……等。因此當你購買土地時，有必要跟你的房仲人員說清楚你購買的用途，以免買到的地，無法蓋出你心目中的理想屋，或無法達到你原本預計使用的目的喔。

4-8

建蔽率與容積率

　　一塊土地，能蓋出怎樣的房子，都跟法令限制上的「建蔽率」與「容積率」有關。台灣日本皆然。也就是説，當建商買下這塊土地時，完工後的建築物大致上會長得怎樣，大致上就已經成定局了。

　　所謂的「建蔽率」就是一塊基地，你能蓋多滿，要留多少空地；而「容積率」，指的就是能夠建築的總樓地板面積。

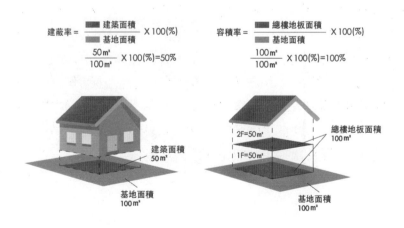

建蔽率 ＝ $\dfrac{建築面積}{基地面積}$ ✕ 100(%)

$\dfrac{50\,m^2}{100\,m^2}$ ✕ 100(%)=50%

容積率 ＝ $\dfrac{總樓地板面積}{基地面積}$ ✕ 100(%)

$\dfrac{100\,m^2}{100\,m^2}$ ✕ 100(%)=100%

建築面積
50 m²

基地面積
100 m²

2F=50 m²

1F=50 m²

總樓地板面積
100 m²

基地面積
100 m²

　　舉上圖例來說，一塊建蔽率 50%，容積率 100% 的基地，如果基地是 100 ㎡（約 30 坪）的土地，原則上它就是能蓋 50 ㎡（約 15 坪）的建築物蓋兩樓。就算你不蓋兩樓，你只蓋一樓，由於建蔽率的限制，你一樓也頂多蓋 50 ㎡（約 15 坪）。

接道義務及退縮規定

　　日本的建築基準法，將道路定義為「4 公尺以上」。而一塊基地如果要蓋房屋，有「接道義務」。也就是你的基地部分，至少要有 2 公尺以上的部分，可通往 4 公尺以上寬的道路的基地，才可以蓋房屋，如圖。若無法達到上述的規定，那麼你的土地就無法重新改建。這就是所謂的「再建築不可」物件。

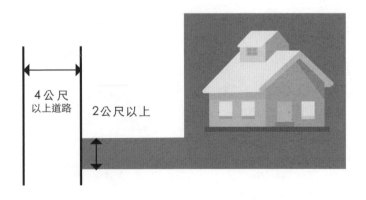

4公尺
以上道路　　2公尺以上

　　當然，如果你的土地前面的道路，若未滿 4 公尺寬，那是不是就不能蓋房子了呢？原則上不能。除非這條道路是依建築基準法 42 條 2 項，接受了特定行政廳的認可。因此這些經認可的未滿 4 公尺道路，就稱之為「二項道路」。特定行政廳認可你為道路，是有交換條件的。也就是說將來你要建築時，必須要從道路中間線後退 2 公尺，也就是讓道路最終能夠有 4 公尺的寬度，以利消防救護車的出入。這稱之為「セットバック（Set Back、退縮）」。這時，你退縮的部分，等於送給政府當道路，是無法列入容積率及建蔽率的計算的。因此購買土地時，或者附帶土地的中古建物時，一定要留意一下此限制，才不會花了大錢，結果能夠蓋的地方只有一丁點。

容積率還要再看臨路寬

　　此外，你土地實際上建築物的容積率，並不是按照都市計畫訂定的數值，若前面的道路未滿 12 公尺寬，則必須將路寬再乘以法定係數（七種住宅系列用途地域為 0.4，其餘皆為 0.6），再和都市計畫的數值比較，較小值才是你的真正容積率。

　　舉例來說，如果有一塊基地的法定容積率為 300%，屬於「第二種住居」地域，但臨路寬只有 6 米，這時拿路寬來乘以法定係數 0.4 （6×0.4），即可得數值 2.4 （也就是 240%）。比起都市計畫的法定容積率 300% 更低，因此這塊基地在興建時，容積只能蓋到 240%，而不能蓋到 300%。

規制高度的斜線限制

　　由於日本對於居住環境很重視，因此在建築基準法上面，除了容積率與建蔽率的限制以外，還有道路斜線，鄰地斜線，北側斜線以日影規制等等限制。也就是雖然你的容積率有240％，但實際興建時，還不見得能夠消化完所有的容積率。如低層住宅區，為了讓家家戶戶有採光，直接給你建築物限高10m 或 12m。而其他的區域，在建築物超過一定的高度後，上面的樓層一定要往後退縮，來確保跟鄰地有一定的空間，以及確保旁邊的房子有陽光可以照入 ... 等。因此建商在蓋屋時，會想盡辦法絞盡腦汁把容積率發揮到淋漓盡致。

4-9

合理房價自己算

　　我們投資房地產，最關心的，無非就是如何買到漂亮的價格了。但東京不動產市場的生態跟台灣截然不同，我聽聞很多人，都說買了之後，才知道自己原來買貴了。只要買貴，這個投資賠錢的機率就很大，因此事前的功課一定要做足。

實價登錄做半套

　　台灣的政府，為落實不動產交易制度，於 2012 年 8 月份實施了實價登錄政策，從此之後，台灣的民眾買屋，就有個依據可以查詢，不怕自己是否弄不懂行情價而買貴了。

　　日本雖然也有相關的制度，不過這一點，我不得不說，台灣做得比日本好。相較於台灣實價登錄的義務落在代書身上，日本登錄的義務落在仲介業者上。還記得我於本節 4-1 有提到，不動產業者接到專任媒介契約時，需要將資訊登錄到指定流通機構 REINS 的網站嗎？沒錯。業法同時也規定，一旦物件成交，仲介業者必須立即通知指定流通機構，將物件下架，並同時登錄成交的價格以及成交的日期。因此我們一般消費者也可以透過 REINS 的一般公開網站，查詢到大概的成交單價。不過很爛

的是，一般消費者查詢到的，並不會顯示房屋總價以及正確的坪數，只會顯示單價以及大致上的坪數（只有業者專用的 REINS 就可查詢到完整資訊）。

不過還記得嗎？如果業者簽進來的委售合約，是「一般媒介契約」的話，則沒有登錄到 REINS 的義務，自然成交了，也沒人知道成交價是多少。此外，即使是「專任媒介契約」，我說過，日本的不動產業者很多很皮，成交價也不見得會乖乖登錄，反正被發現也頂多就只是指示處分而已，因此實際上，很多成交價都查詢不到。更何況，REINS 只是一般公益社團法人而已，根本沒什麼公權力可以強迫登錄價格。

而如果是建商發售的新成屋呢？由於建商都是自己大批銷售，因此並不是像中古屋這樣有媒介契約，所以也沒有登錄到 REINS 的義務。因此新成屋成交的確切價格，只有建商跟買的人知道而已。

下面的連結為 REINS 的實價登錄網站，有需要的朋友可以進入查詢：
http://www.contract.reins.or.jp/search/displayAreaConditionBLogic.do

國土交通省的實價登錄網

另外，由於國土交通省每年都必須發表「公示地價」，因此在物件成交後，國土交通省也都會發函給物件取得者，要求回報成交價，以利公示地價的判斷。不過這也只不過是「問卷

調查」形式而已，並沒有法律上的約束力。因此也許多買方不願意回報，也懶得回報。而且國土交通省的登錄網站，給的面積也只是概略的面積，成交價也是以百萬（便宜的物件以十萬）為單位，沒有很精準。因此其實日本的不動產交易，並沒有外界想像中的透明。

兩個實價登錄網站，都無法做到百分百。不過沒魚蝦也好，也許裡面剛好就有你需要的資訊也不一定。
下面的連結為國土交通省的實價登錄網站，有需要的朋友可以進入查詢：
http://www.land.mlit.go.jp/webland/

行情價，只好自己算

那買屋時，要怎麼抓行情價呢？大概就只能自己勤做功課了。一般專業人士在做不動產鑑價時，會使用「比價法」，「原價法」，以及「收益還原法」三者並用。

所謂的「比價法」最簡單，就是拿出週遭類似產品的成交價，在考慮其個別的要因，地域的因素，有沒有急售而導致行情過低，或者急著買導致行情過高等因素之後，再推算出一個合理的價格。其實說簡單，它並不簡單，只不過我們不是要做很精確的不動產鑑價，因此只要合理範圍內，大致估算就可以了。如果是新成屋的話，建議多跑幾個案場，可以比較附近其他雷同建案的開價情況。

另外，「原價法」顧名思義，就是計算如果我蓋出一棟一模一樣的物件，需要多少錢。不過我認為這種手法對於一般投資客而言難度較高，需要的資訊也很多。有些資訊對於一般的人而言，根本無法得知。因為除了要有辦法判斷整個基地的地價，以及容積率，建蔽率以外，還要計算出營建成本，最後再看你的物件是幾年屋，把折舊部分也算進去。不過日本許多專業投資客，都是這樣計算的。

而一般投資客最常用的，就屬「收益還原法」了。對，也就是計算出這個物件「將來有可能產生出來的純收益，其現在價值的總和」。對啦，就是從「投報率」去回推房價（價值的總和）啦。至於「投報率」的計算，我們已經在 1-2 節中介紹過，這裡就不再浪費篇幅了。

均價無意義

另外，我們台灣的朋友常常會說，區域行情價，就是一坪多少萬多少萬啊！然後把豪宅跟旁邊的一般住宅拿來比價。台灣房地產，還是脫離不了「均價」的觀念。不過說實話，「均價」就只是個平均值而已，在東京是行不通的。每個產品規劃不同，使用的內裝不同，等級不同，當然單價也就差很大囉。

講個最常見的例子。同一個區域，一棟剛完工不久的超高層高級住宅，裡面有豪華大廳，游泳池，溫泉等共用設備，專屬室內空間可以看到一望無際的星空夜景，那它很有可能一平米的單價可能要價 130 萬日圓。但在它隔壁走路不到兩分鐘的

地方，一樣是大樓產品，但屋齡已經 20 年了，且沒有夜景，沒有豪華大廳。那它的成交價有可能每平米只需要 70 萬日圓。價差甚至高達將近一倍之多。這就是產品不同，當然價位也不同。因此你拿隔壁的 70 萬日圓成交價，去跟建商殺價，說這是比價法，賣我每平米 80 萬日圓，你只會被當作是神經病而已。

頂級住宅與豪宅不適用收益還原法

頂級住宅，乃至於豪宅人見人愛，台北市的豪宅動輒四，五億新台幣。相較起來，東京的頂級住宅，只要一～兩億新台幣左右，就可以買到相當棒的產品了。不過頂級住宅與豪宅有別於一般商品，它除了有一般不動產都有的「收益性」以外，他還可以滿足有錢人的「炫耀性」。且符合「珍、稀、絕」的頂級住宅，其價值等同於藝術品、蒐藏品了。因此你用收益還原法，跟屋主說：「阿你這租出去，投報率才 2% 阿，房價再便宜一點，拉高投報率我才要買」，這樣大概也是輪不到你買了。

小套房效用低，投報一定要高。

若今天你使用比價法，想要推算出周遭的行情價。但類似的產品又不足，只好拿附近的小套房產品比較兩房產品。不過由於小套房效用低，僅有投資用途，兩房產品還有自住用途，因此，兩房產品在合理的市況下，單價會略高於小套房。也就是小套房單價必須低於兩房產品，拉高投報率，這個投資才會穩定。

房市景氣循環的關鍵密碼：「1.5 倍」與「5%」

至於要怎樣才能判斷目前大環境的房價是「谷底」，還是「山頂」呢？其實也有兩個指標可以參考。一般日本人在看房市循環時，都將其分成四個時期：

「回復期」→「過熱期」→「冷卻期」→「消沈期」

從谷底爬升時的「回復期」；開始飆漲接近頂端的「過熱期」；漲到一定的程度大家都開始縮手不買的「冷卻期」；接下來就是建商賣不掉降價賣的「消沈期」。等到價位落到自住客願意進場的價位，又會再度從谷底爬升，進入下個循環階段的「回復期」。

日本房市專家櫻井幸雄就曾在自己的著書《不動產の法則》當中提及，根據他長期觀察日本房市的經驗，「山頂」約莫落在「房貸還款金額為房租的 1.5 倍」時（以零自備款全額貸以及 35 年貸款為計算前提）。也就是原本租屋預算是 10 萬日圓的人，如果是為了買自己的房屋，他們吃苦耐勞繳房貸的忍耐極限，大概就是在月付 15 萬日圓左右。若房價漲到每月房貸必須還到 16~18 萬日圓以上的話，他們可能就無力負擔了。而到了這樣的價位，建商（賣給一般自住客）的房屋就會滯銷，讓房市進入「冷卻期」，乃至「消沈期」。

那……房價要跌到怎樣的地步，才會從谷底的「消沈期」，再次復甦至下一個房市循環「回復期」呢？櫻井先生認為就是

「租金投報率 5%」時（指一般自住型產品，非投資型小套房）。因為一旦房價跌到了高於投報率 5%，自住客就會認為「買比租划算」，而投資客也會因為投報率變高，有利可圖而開始進場投資，價位也就會有支撐。

舉個實例試算。假設一間都心 3LDK 的房屋，租金為 22 萬日圓來說好了，它的「頂」會落在哪個價位？若以房貸是租金的 1.5 倍，也就是 33 萬日圓的話，回推房價（35 年貸款利率 2%）就是大約一億日圓。至於它的「底」呢？若以投報率 5% 來計算的話，房價就是 5280 萬日圓（22 萬 × 12 個月 ÷ 5%=5280 萬）。也就是如果低於這個價位買進，大概風險已經相對很小了。

不過歷史經驗只能借鏡，上面的公式，是基於房市專家長年來的經驗。但房地產價格與總體經濟及全球經濟情勢有很密切的關連，影響漲跌的要素其實很多。因此上面的歷史經驗，僅供各位參考，僅提供一個投資時，可以衡量的尺。

4-10

善用投報三指標

　　日本人購屋，越來越重視其購買物件的「資產價值」。已經越來越多人捨棄了郊區與地方都市，開始往都心購買。不過光是說「資產價值」一詞，很含糊。到底怎樣的物件才是有資產價值的？只要是東京的物件都是好的嗎？那可不一定。

　　嚴謹的日本人其實對於任何東西都希望有數據可以做判斷，因此購屋客，往往會針對不動產的三個指標來做評估是否購入。分別為物件本身的「R/V 值」、地區的「PER 值（本益比）」與「PBR 值（淨值比）」。這些數值分別代表什麼呢？要去哪裡查呢？日本的有些不動產機構會不定期做專題，發表在雜誌或週刊上，網路上也會有相關的資訊，各位讀者可以去搜尋看看。（礙於著作權，本書無法轉載完整表格）

第一：R/V 值（物件再販價值）

　　所謂的「R/V 值」，其實就是 Re-sale Value，也就是當你的物件從新屋變中古屋時的「再販售價格」。計算方式就是「中古出售時的價格 ÷ 新屋時的販售價格 × 100%」，若所得到的數值高於 100，就代表你這間房子是賺錢的，若低於 100，就

是賠錢。舉個例子：如果一個新成屋價格為 5,000 萬日圓，中古屋出售時，成交價格若為 4,000 萬日圓，則 R/V 值就是「4,000 萬 ÷5,000 萬 ×100=80%」，也就是房價跌掉了兩成。因此買自住屋時，當然要選擇 R/V 值越高的物件越好。隨著建商品牌的不同，以及物件本身的定位不同，其中古時的 R/V 值也不盡相同，例如：有沒有好的管理、修繕做得好不好，這些都會影響物件的 R/V 值。「聽說」大品牌的建商，其販售的物件 R/V 值都較高。

第二：PER 值（本益比：租金面）

所謂的「PER 值」，就是 Price-Earning Ratio，其實就是借用了我們股市用語的「本益比」。PER 值有別於剛才的 R/V 值從「買」跟「賣」兩點的價差來看，PER 值主要是看你的物件的「收益性」。計算方式為「房價 ÷ 年租金」。PER 值高，代表收益性差，要花越久的時間才可以回收本金；而 PER 值低，則代表收益性高，可望短期間就回收你投入的本金。

舉個例子，假設區域上的房價為 4,000 萬日圓，年租金為 180 萬日圓，那麼這區域的 PER 值就是「4000 萬 ÷180 萬 ＝ 22.2」。相反的，如果一個區域的房價一樣為 4,000 萬日圓，但這裏的年租金可高達 250 萬日圓，那麼你的 PER 值就是「4000 萬 ÷250 萬 ＝ 16」。PER 值越低，就表示你的本金回收速度就越快。但是當心，PER 值如果過低（也就是投報率過高的意思），則代表物件本身高風險，能不能順利一直收租都還是個問題。

　　一般來説，黃金地段的房屋，房價很高，但相對於其他地區，其租金投報就沒這麼高，因此這些黃金地段的 PER 值反而會比較高，也就是本金回收的速度會變得較慢。而就日本的房市專家的意見，PER 值介在 15~35 之間的範圍都還算可以接受的範圍，太低，可能高風險；太高，則代表可能你買的價格太貴。

　　根據 2018 年 5 月號的「都心に住む」月刊，目前都內投資熱點的 PER 分別為：
白金台 25.76、中目黑 25.44、中野坂上 25.39、広尾 24.36、東中野 22.68、荻窪 22.66、月島 21.31、田町 20.35、豊洲 20.22、勝どき 20.12、飯田橋 19.71、目黑 17.24……等。（數據為 2017 年發售的大樓型產品）

　　從上面的數據可以得知，越是精華的地段，PER 值越高（也就是收益性越差）。若不怎麼精華的地段，但 PER 卻偏高，則表示房價漲過頭，這樣的區域就少碰為妙。

第三：PBR 值（淨值比：房價面）

　　「PBR 值」，就是 Price-Book Value Ratio，股票市場中，稱之為「淨值比」。但運用在房地產上，其實指的就是用來衡量地區上「某一特定期間（一般為 10 年）內，其新成屋時的價格，變成中古拿出來賣時，約為當時新屋價的多少倍」。計算方式為「10 年來的中古屋均價 ÷ 其新屋時的分售價格均價」。若數值大於 1 的地區，則表示中古出售價格反而高於當初買進的新屋價，就是房價漲的意思；若小於 1 的地區，則表示這個地區房價會下跌。

假設某地區 70 ㎡（約 21 坪）的房屋，其新屋時的均價為 4,838 萬日圓，等這些物件變中古時，相同大小的均價若為 6,642 萬日圓，則這個地區的 PBR 值就是「6642 萬 ÷4838 萬 =1.37」，換句話說，就是房價漲了 1.37 倍。根據 2013 年「東京カンテイ」的調查數值，第一名為表參道，高達 1.41（也就是房價漲了四成），最差的地方為「土氣」站，0.60（也就是房價跌了四成），可見房價跌多慘。

這裏的 PBR 值跟第一個 R/V 值有異曲同工之妙，兩者唯一的不同，是 R/V 值用來針對物件「個案」其中古的再販售價格比率，但 PBR 值則是以一個「地區」許多新屋跟中古屋的統計資料出來的數值，因此計算上需要收集很多資料。

根據 2018 年 5 月號的「都心に住む」月刊，目前都內投資熱點的 PBR 分別為：
神樂坂 1.15、中井 1.15、赤坂 1.19、東雲 1.21、西新宿五丁目 1.21、中目黑 1.24、東池袋 1.25、麻布十番 1.28、新宿御苑前 1.35、品川 1.36、赤羽橋 1.41、新御茶ノ水 1.75......... 等。（數據為 2008 年 1 月～ 2017 年 12 月發售的大樓型產品均價）

照理來說，越是精華的地段，PBR 值理應越高（也就是漲價越多）。但若屬精華區，但 PBR 仍偏低，則表示之前房價可能就一直維持高檔，以至於這幾年的漲幅不大。若非精華區，但 PBR 卻偏高，則要留意房價是否漲過頭。

善用「PER」與「PBR」，買屋不失敗！

1.PER 高（租金回收慢）、PBR 高（漲價多）

如果你要買的物件，這個地區如果 PER 值高，PBR 值也高，就表示雖然房租可能收益較差，但房價不用太擔心跌價。「收益性」（PER 部分）雖差，但「資產性」（PBR 部分）很保值。這類房屋大概都是出現在都心蛋黃區。

2.PER 低（租金回收快）、PBR 低（漲價少）

若這個地區 PER 值低，且 PBR 值也低，就表示你可以賺得到租金，但可能要小心賠掉房價。「收益性」（PER 部分）雖好，可以快快回本，但「資產性」（PBR 部分）可能漲不多，甚至跌價。也就是你收的租金，可能到最後都會陪在房價。這種產品多半出現在蛋殼區。購買時可能要再三考慮。

3.PER 高（租金回收慢）、PBR 低（漲價少）

若這個地區 PER 值高，但 PBR 值低，就表示你賺不到租金，且可能又會賠掉房價。「收益性」（PER 部分）不好，且「資產性」（PBR 部分）也漲不多，甚至跌價。買了，可能就是套一輩子了。

4.PER 低（租金回收快）、PBR 高（漲價多）

若這個地區 PER 值低，但 PBR 值高，則表示地區現況為：「收益性」高、且最近可能房價也漲了很多。按照合理的邏輯，這種情形是很少見的。因為房價的上漲（PBR 的變高），就會連帶拉低租金報酬率（讓 PER 變高），除非地區上的房價與房租同步上揚，才會繼續維持「低 PER 高 PBR」的狀態。

因此如果真的 PER 低，PBR 高，則可能會有兩種情況：一種情況就是它真的就是精華中的精華，房租收得高，房價漲得也多，這種產品多半建商都會留下來自己運用，不賣。若真的有人賣，看到就要趕快買下來當寶貝。而另一種情況，就是可能 PER 的統計上數據可能有誤，還沒有反應過來高漲的房價，久了，一定會修正成高 PER 的物件。

產品篇 ———

有土地的透天厝比較好？東京不動產跟你想像中的不一樣喔。

教導讀者如何從五花八門的各項產品當中，挑選出做適合自己的。

5
Product

5-1

各種標的與門檻

　　日本不動產投資產品，種類繁多。每種產品都有各自的優缺點。我們這一節就來認識一下每種產品的概略，以及進入的門檻吧。

一棟商業大樓

　　日文稱之為「ビル（Building）」。這種產品，依規模，大約是四、五層樓至十幾層左右的 RC 造大樓。單層面積大概是 20 坪至 100 坪。因此價位也從一億日圓至數十億日圓不等，算是門檻很高的產品。大部分的日本投資客，都是以融資的方式來進行投資。

　　依照有在投資的朋友的說法，這種商業大樓因為招租，以及維修管理等，都需要屋主花費許多的時間跟精力。如果融資購買，還需要有還款計畫，因此不像分售式套房產品這樣坐享「被動收入」。因此與其說這是投資，其實還比較像是經營。

　　而像是在西新宿，或者是大手町看到的那種單層 200 坪以上，且樓高二、三十樓的產品，大概市值都數百億，甚至千億日圓以上，而且絕大部份都是由財團或 REITs（不動產投資信託基金）持有，鮮少以個人身份持有。

一棟 RC 出租大樓

日文稱之為「マンション（Mansion）」。規模大概也是五樓至十幾樓的 RC 造大樓，裡面大約 20~50 戶不等的出租小套房或兩房，價位也多座落於兩億至數十億日圓不等，大多也是融資經營。有個人持有，也有較小型的私募基金投資。也由於產權完整，收益性高，因此也受到許多海外投資家的青睞。不過如果管理做不好，又或者地點選錯，可就一次死光光。因為數十戶都是相同地點，無法達到分散風險的功能。

一棟木造公寓

大約是兩層樓，約 6 ～ 10 戶的木造公寓。也就是「アパート（Apartment）」。價格比起一棟 RC 便宜許多。大約從六千萬日圓至一億五千萬日圓不等。因為進入門檻不高，因此個人持有的情況，就比上面兩者高很多。不過有些女性不喜歡住木造公寓裡，因為很多木造公寓的安全措施沒有辦法像一棟 RC 這麼好，沒有玄關自動上鎖的大門，因此出租的價位比起 RC 套房低許多。一個房間可能只能租到 3 ～ 5 萬日圓左右。同時，由於木造建築折舊快，因此整體投資效率可能不如一棟 RC 大樓。若稅金或變動成本沒有掌握好，很容易賠錢出場。

高級出租住宅

大約為 70㎡（約 21 坪）～ 200㎡（約 60 坪）的高級住宅房。日文稱為「高級マンション／ハイグレードマンション（High

Grade Mansion）」，價位也落在 8,000 萬日圓至 3 億日圓不等。由於出租對象多為外商主管或上市公司高階主管，因此景氣不好的時後，出租率會很差，且這種物件的表面投報率頂多 3%~4% 左右。不過這類的產品，在房價上漲的期間，是最容易賺到增值財的。

有許多大建商，自己都會興建這種整棟高級的出租住宅來出租，保留整棟完整的產權，只租不賣。這些物件可能就會是你的競爭對手。

區分所有住宅、事務所、1R/1K 小套房

這種產品應該就是我們台灣投資者最多人購買的產品。所謂的「區分所有權」，指的就是買一棟大樓的其中一間來出租，也因此進入門檻較低。小套房或事務所，大約從 1,000 萬至 2,000 萬日圓即可購得；兩房產品也是從 4,000 萬至 8,000 萬日圓不等。

重新裝修（Renovation）產品

最近很流行這種老屋重新裝修的產品，裝潢後再販賣。日本有分成「リフォーム（Reform）」以及「リノベーション（Renovation）」兩種方式。前者頂多就只是換換壁紙，換換地板及已故障的設備，回復原狀而已。但是 Renovation 相當於整間打掉重新裝潢，隔間也變動，同時也補強耐久性或耐震性。不過購買此類物件要注意的是，中古屋就是中古屋，弄得再漂亮，它也不會因此回春。所以只要賣方售價接近新成屋行情，就別考慮了，直接去買新屋！

5-2

投資物件這樣選

　　投資日本不動產，物件怎麼選？當然就要看你的口袋深不深。口袋深的，買一整棟大樓來出租，其次，買整棟公寓來收租，像我這種口袋不深的小資族，大概也只能選區分所有權物件，也就是一般「分讓（分售）」物件了。也由於我們是外國人，無法跟日本的銀行貸款，就算跟台灣系的銀行貸款，利率也高，年限又短，因此實在很難跟日本的投資客，有同等的投資規模。所以我們台灣人在東京投資，其實規模跟立足點，都輸給當地投資客一大截。

一棟物件好貨難尋

　　上一節所提到的那種一棟商業大樓、一棟 RC 出租大樓，好貨難尋啊。為什麼呢？因為像是這種一整棟的販售，除了你要現金充沛之外，你還要跟不動產從業人員有良好的關係。仲介跟建商自己都會有口袋名單，他們知道誰是有實力的投資客。像這種產品的好貨，根本不會流通到一般市場上，只要有人要賣，仲介內部接到消息，就會先自己吃下來，吃不下來的話，就會詢問自己配合的投資客，大家一起賺。

現在市面上流通的，可能表面上這四、五年會賺錢，但是等到四、五年後，你可能得花超過上千萬日圓的維修費用來維護你的大樓，不然接下來會租不出去，又或者是它根本就是再建築不可的物件……等。且日本人喜新厭舊，新屋一直蓋，如果不是地點絕佳，那舊屋的租金，只會一直降。一般一整棟的投資客，會計算好在賠錢的死亡交叉前幾年，就把物件甩出去，因此如果一不小心沒有做好功課，買了這種產品，賠錢的機率通常很高。

當然，也不是絕對買不到好貨，前一陣子景氣比較不好時，會有一些屋主做生意或投資賠錢，不得已拿好貨出來賣，因此投資一棟產品，時機很重要。一定要在大家都走衰運的時候下手，才有勝算。

高級住宅人氣住戶也難以購得

不止上述的一整棟，分讓的高級住宅新建案也是，比較好的樓層，好的格局，例如全棟只有一間超大陽台的，或者可以看到東京鐵塔的（灣岸地區例外，因為每間都看得到，沒有稀少性），當然還沒開始拿出來賣，就會被建商自己人先吃下來或者地主戶分掉。不然就是看得到吃不到，好貨許多人都想要，只好抽籤，運氣不好還不見得抽得到。甚至有些好的建案，你根本不會知道它的存在，就默默這樣賣光了。

中古高級住宅的好貨亦然。會在網路上公開的，許多都上述那兩個階段，篩選後剩下來的。接下來，更差的，就連在日

本國內賣給日本人都賣不掉的，就會轉給台灣、中國、香港或新加坡的代銷或仲介，把資訊中文化（如果在日本就賣得掉，有必要辛苦翻譯成中文嗎）。所以我們一般在台灣的小資投資客，如果只是在網路上隨便看看，能看到的產品，多半都是人家撿剩的。因此跟你配合的仲介業者或建商打好關係，把他們變成是你的好朋友，是一定要的！

便宜物件要小心

另外，如果看到低於行情，格局、地點又不錯的物件，也別高興太早。便宜一定有問題。為什麼呢，房子不可能會便宜賣。如果真的是因為屋主不懂行情，或屋主買股票賠錢，急需賤價賣房，那也輪不到你。為什麼？房屋本身的價值，仲介最清楚。如果這麼好，他自己吃下來，或給他自己的口袋名單、或一定會買的老顧客就好啊，幹嘛留給你。介紹給你，你又不一定會買。如果因為介紹給你，而你在那裡考慮半天，導致被別的仲介捷足先登，那他不就少賺一筆了？

因此，超便宜物件多半有鬼。不是設備老舊需要花很多錢來重新裝修，就是可能本身積欠許多管理費或者有什麼惡鄰。再不然，就很可能是地上權，又或者是面臨重建時，道路退縮部分會讓你的土地少了一大截……之類的。

比起店面商辦，選擇居住物件

日本景氣起起伏伏，有時候店面跟事務所，會受景氣好壞

影響，需求或增或減，而且有可能房租漲跌劇烈。當然景氣好的時候，店面好租價錢又高，新興企業也多，因此商辦需求也會增加。但只要景氣不好，這兩者的空屋率就會很明顯。而且越是競爭的商圈，有時候你的租客競爭輸給人家，你的房客就得一直換。一直換房客，就代表你常常會有空屋期，也常常要付仲介費找新的租客，因此投資店面與商辦，謹慎為宜。

但是不管景氣好壞，人總是要住。只要你挑的地方不是人口減少的地方，基本上不會受到景氣影響太大。此外，外國人包租公，出租商辦還會遇到源泉徵收的問題（詳見 6-6 節），因此下手前還是多多評估才是。

車站徒步圈七分鐘以內為限

基本上日本人跟台灣人一樣很懶，你走路超過七分鐘，就會開始不爽，所以不要再相信什麼「走十分鐘以內都算正常」的鬼話。你是要出租的，會說這種「十分鐘，還好啦！」的日本人，多半是自住需求，且買不起好地點，只能買十幾分鐘路程的人，以「自己的荷包」所衡量出來的假象而已。

不過其實走路五分鐘以內的物件是最好的，不過因為離車站近，房價相對也貴，投報率也會因此拉低，而且有些人不喜歡車站旁邊的喧鬧。不過，稍微遠一點點，又不會太遠，除了物件價格較便宜外，又不至於遠到租不出去，因此就投報率算來可能算是最理想的。另外，因為網路上搜尋出租物件時，是可以選擇離車站幾分鐘的，因此很多人在搜尋物件時，都不會

設定走路十分鐘以上的距離，因此就算你的產品很棒，但只要步行時間過遠，可能就不會被搜尋到。

　　此外，雖然走到車站，一樣是五分鐘，但是這五分鐘所經過的路途，是很難走的大馬路，有好幾個紅綠燈呢？還是熱鬧的商店街？又或者是舒服的河岸呢？這些也都會影響你的出租情況。因此不要只是 Google Map 看一看，一定要親自走一遭。

5-3

自住產品這樣挑

　　日本的住宅市場，跟台灣不太一樣。例如我們説的「透天厝」，多半是指3到5層樓，RC結構（鋼筋混凝土）的一棟建築。但日本的「戶建住宅（こだてじゅうたく）」，則是以木造或輕鋼骨結構的兩、三層平房為主，RC結構的較少。

　　而説到「大樓」產品時，我們則分成四到五層樓的「公寓」，以及十幾層樓的「電梯大樓」。這兩種在日本皆稱之為「マンション（Mansion）」，也就是只要是集合住宅，無論有無電梯，都用此稱呼。而「アパート（Apartment）」一詞，則是專指「木造出租公寓」。

　　除此以外，日本也很流行樓高四、五十層樓的超高塔式住宅，稱之為「タワーマンション（Tower Mansion）」。那究竟自住時，應該挑哪種產品呢？其實我認為是看個人喜好。本節就來比較一下其不同點，供各位參考。

一戶建的優缺點

這似乎是日本人購買房屋時永遠的課題。先來看看一戶建好了。許多房市專家都認為，買一戶建優點較多。除了土地完整外，使用自由度又高，庭院又有自己專屬的平面停車位，且既不需要繳交管理費用，也不用顧及是否會干擾到隔壁鄰居的生活。

雖然説一戶建擁有完整的土地，但是日本的一戶建，基地面積大概都 60 ㎡（約 18 坪）～ 100 ㎡（約 30 坪）不等而已。説實在的，這麼小的土地實在價值有限，更何況日本的土地，法令上限制重重。因此你買的一戶建，往後如果重蓋，蓋出來的規模頂多跟目前差不多而已。而且這種一戶建，多半立處於無法蓋高樓層的住宅用途地域，因此都更蓋高樓發大財的機率極小。即使擁有完整的土地，也只是自爽的成分居多。

此外，假設基地只有60 ㎡（約 18 坪），依照建蔽率的限制，蓋出來的房子會是上下樓兩層，可能各 40 ㎡（約 12 坪）左右。但如果是我，我會寧願選擇單層面積直接有 80 ㎡（約 24 坪）的大樓產品，一來不需要浪費樓梯空間，二來家裡如果有年長的長輩，對他們而言，爬樓梯會是個很大的負擔。另外，木造的房屋較容易折舊，可能三十年後，就不得不花大錢重建或改修了。因此，一戶建在中古市場的流通，沒有像大樓型產品這麼容易，也就是説將來就算你想換屋，賣得掉賣不掉，都還是個問題。

大樓的優缺點

那如果是大樓型產品呢？有完善的公共設施，氣派的大廳，較高樓層部分，又有不錯的眺望，採光也較無須擔心，且 24 小時都可以在自家大樓內丟垃圾。但缺點就是，你買了之後，每個月固定會有一大筆管理費用以及修繕費用的支出。而且，隨著你的屋齡越舊，修繕費用就越高。但我認為這筆費用，反而可以把它想作你買一戶建住宅時，每個月先預存的一筆修繕費用。而且之後的維修跟管理，全部丟給管理組合（管委會）去弄就好，不用我們去煩心。更何況，RC 結構的大樓產品，本來就比木造建築長壽，因此如果你年輕時購買的是新屋，也許你這輩子都遇不到房屋改建的問題。

但其實它的缺點也不少。像是跟隔壁鄰居之間的關係……等。如果建築的結構較差，可能會受到隔壁鄰居生活上發出的聲響干擾，以及樓上鄰居走路的腳步聲太大等問題。另外，如果整棟大樓有小套房又有兩房產品，那麼整棟大樓就很有可能因為住戶的水準參差不齊，導致居住環境堪慮，甚至還有可能因此拖垮房價。

大樓要選新屋還是中古

至於大樓產品呢？雖然 RC 結構在會計的使用年限上是 47 年，但這只是用來計算稅金攤提折舊用的年限而已，與實際物理上的耐用程度，一點關係都沒有。若大樓保養得宜，甚至使用七、八十年都不成問題。因此購買中古大樓型產品時，務必

要留意管理組合（管委會）的修繕計畫等。

新屋跟中古屋，最大的不同，應該就是價位了。在日本，二十年的中古屋，可能價差跟新屋會高達六成（因地段而異）。因此對於預算不足的購屋者來說，中古屋是個不錯的選擇。另外，新舊屋最大的差異，就在於構造與耐震性上的不同，但這並不代表中古屋的結構就不好。日本的建築技術領先於全球，實在不需要太擔心建物構造的問題。但中古物件盡量別挑 1981 年 6 月之前獲得建築許可的舊耐震物件（詳見 1-6）。

除了耐震等級，格局也有差異

由於日本人近幾十年來居住習慣有所改變，像是和室變少了，洋室變多了，冬天也不再使用「炬燵（こたつ）」（附有棉被的電暖桌），因此中古屋的格局，可能跟現代最新的格局規劃有些不同。例如有些中古屋可能就沒有規劃客廳，只有規劃和室。若這部分要事後動工裝潢，除了要管理組合的許可外，又是一筆高額的花費。且日本冬天很冷，中古住宅的窗戶多半不是氣密式的，因此冬天會很不舒服。又由於窗戶跟大門都屬於公設，無法自行更換，且為了整體外觀的統一感，管理組合多半不會允許你自費換新的門窗。

還有，有許多中古大樓的管理組合，是禁止飼養寵物的。因此如果像我這種愛狗人士，就要注意一下是否有這類的規約，以免你家的小狗狗無法跟你一起共築新巢。

朝南真的比較好？

　　日本人總認為，朝南的房屋採光比較明亮，且因為太陽移動位置的關係，冬天照入室內的時間長，夏天照入室內的時間短，因此朝南的房間冬暖夏涼。相反地，朝北的房屋就比較陰暗潮濕，因此朝北的房間總是需要開燈，開除濕，開暖氣。所以日本人對於南向的房子有特別的喜好。一般建商販賣房屋時也是，如果說朝南的房型，每平方公尺售價為 100 萬日圓的話，那麼朝東的，大約就是 98 萬日圓，朝西的大約 96 萬日圓，而朝北的價位最低，大約 95 萬日圓。

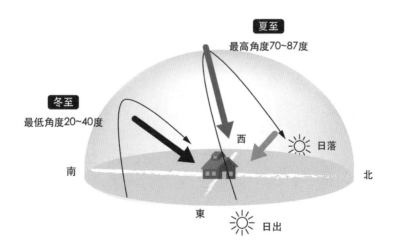

　　如果是一般的房子，的確是這樣沒錯啦。不過如果是超高層大樓呢？那就不一定了。有些超高層的大樓，它朝北的景色，比朝南的景色棒，當然朝北就會比朝南貴。

　　我之前看過一個案子，它朝北的住戶可以看到東京鐵塔，而朝南的就只能看到一般般的都市景觀，因此朝北的售價甚至比起朝南的售價高了約 20%。而且如果是超高層，周遭都沒遮蔽物的話，反而不用擔心朝北房型採光會不好。不，應該說反而沒有直射日光照進室內，反倒更舒服。不過就是北風吹來時，朝北的房間就要遭受強風直擊了。

5-4

中古一棟商辦，小心租客被搶光

　　許多財力較雄厚的投資人錢進東京時，都會考慮購買一棟商業出租大樓或者一棟 RC 出租大樓。因為整棟物件的土地產權完整，且各樓層的所有權沒有分散掉，資產價值也比較高。不過這種產品好嗎？答案因人而異，因物件而異。這一節就讓我來談談日本的中古一棟商辦，可能面臨的危機。

「造鎮級」的巨大商辦完工潮

　　根據市場上一般的定義，一整棟的出租商辦，規模大概分為：1. 單層面積約為 20 坪～ 50 坪的小型商辦樓、2. 單層面積約為 50 坪～ 100 坪的中型商辦樓、3. 單層面積約為 100 坪～ 200 坪的大型商辦樓、4. 單層面積 200 坪以上的大規模商辦樓。然而，近幾年都心三區內卻湧起了一波單層面積高達 1000 坪以上的超大「造鎮級」商辦建設潮。這些商辦的規模就相當於造鎮，裡面除了有辦公室外，還有住家、旅館以及商場，甚至還有餐廳、郵局、美術館與電影院……等。對，就是像六本木之丘（Roppongi Hills）、東京中城（Tokyo Midtown）、虎之門之丘（Toranomo Hills）那樣規模的商辦，在未來幾年內將會有好幾棟陸續完工。

　　根據森大樓的調查，光是 2016 年至 2020 年的四年內，就會有約 88 棟合計總面積高達 473 萬平米（143 萬坪）的新商辦大樓落成。也就是將來將會湧現一波爆大量的供給潮。而這些造鎮級商辦，其實有絕大部分都是舊大樓整合周邊破房都更而成的，因此也有些專家認為，這些新的供給是打掉舊的來重新蓋新的，所以應該不至於因為供給過量而找不到租客。

東京商辦超高滿租率的真實

　　是啦！這樣的邏輯推論是也沒錯。不過你知道嗎？雖然這一、兩年的商辦滿租率很高，但是這些極高的滿租率，其實是建立在「舊大樓都更，把租客趕到別的地方」之上的。根據調查，2017 年底都心五區的商辦空屋率大概只有 3% 左右。但會有這麼低的空屋率（這麼高的出租率），就是因為有好幾棟舊大樓現在都打掉重建中，租客流去其他商辦大樓，把其他的空屋都填滿的緣故。

　　造鎮級大樓，設備新穎，比起一般舊大樓耐震性也優良許多，當然租金也不會太便宜。而能夠負擔這種每坪單價超過四萬日圓以上商辦的，大概就是一些跨國企業、上市企業、以及外資金融機關等等。而這些大企業多半會有「門面、形象」的問題，因此也會考慮入住這類指標型的商辦（台灣不就一堆公司想擠進 101 嗎）。因此這種造鎮級的商辦，將來完工後，勢必會將現有大型商辦的租客給一一拉過去。大型商辦空租，只好降租金來拉中型商辦的租客。然後中型商辦只好去拉小型商辦的租客。就這樣，到最後死得最慘的，就是最底端的這些總

價區區幾億日圓的中古一棟小型商辦。這些中古商辦，設備也舊了，耐震性也不足，如果中型商辦降低入居門檻，應該會拉走蠻多這種小型商辦的租客。

咦？小型商辦再去拉更小的客人就好拉？拉一些五、六人的小公司，或者是個人事業者啊！很抱歉，現在時代已經跟以前不一樣了，現在就連大企業都推廣「在宅勤務」了，更何況一些小公司或個人事業者。現代人工作，根本只要有一支手機，就可以完成所有的工作，在家或咖啡廳做就好了，不在辦公室，也能辦公事啊！要開會？現在出租時段的共享辦公室也一堆，這些小公司的老闆們何必去增加自己的固定費用，減少自己的利益呢？

買中古一棟，務必查清楚下列事項

當然，如果你做好了投資計畫，看完我上述的分析後，仍認為投資中古一棟商辦可行，建議你瞭解了下面的事項後再購買，也可以避開不必要的風險。

1. 確認出租報酬率的真偽：

我們投資房市，常常只會注意到物件的投報率高不高。但有時候屋主會為了處理掉自己手上的不良物件，會找人來簽高於市場行情價的合約入住，來做高投報率的數字。這時候，我們要買的人看到投報率那麼高，就會不小心高價買進，但很可能你買下後，租客立刻搬走，連押金都不要了。因為比起區區

十幾萬的押金，從你手上賺到的房價差價更可觀。

2. 概算維修費用等隱藏成本：

　　中古大樓出租中，很難進去細看屋況的。有可能租客搬走後，你才會發現屋內的設備老舊，爛到沒有花個百萬為單位的錢來裝修，就租不出去。花了這些裝修費用，不就等於間接侵蝕你的投報率了嗎。

3. 了解法令上的限制以及重建問題：

　　留意看大樓依現行法規是否為「再建築不可」（無法重建）物件，或土地的容積率及建蔽率是否已經無法重建出一樣大小的建物了。若是，等到你以後要出售物件時，資產價值必然會下滑許多。

4. 查清楚稅金跟利息等固定成本：

　　完整土地與一整棟建築物的固定資產稅非常高，雖說租金看起來很豐富，但很有可能扣掉給銀行賺的利息，以及繳給政府的稅金，到最後所剩無幾。

　　我曾經聽過一個客人說：從七年前買了一整棟的物件，雖然每年都有上千萬日圓的租金收入，但扣掉稅金，貸款利息跟看不到的變動成本後，七年來等於白忙一場。如果你已經精算過整個投資，也了解上述的風險，那就勇往直前吧！

5-5

超高層塔式住宅

　　所謂的超高層塔式住宅，日文稱做「タワーマンション（Tower Mansion）」。一般而言，超過樓高 20 樓以上的就算是超高層了，但近年都內建造的，多為動輒四、五十樓，戶數高達四、五百戶，甚至一千多戶。這種產品除了公共設施充實、住在裡面有優越感以外，也由於它土地持份少，又俱保值性，因此是很多有錢人用來做節稅對策的好工具。

超高層，炫耀品！

　　華人來東京置產，最喜歡買這種超高層塔式的，因為一句話：看起來就是「爽」！大廳又氣派，帶朋友來，多有面子啊！無限開闊的視野，白天一望無際，可以一邊喝咖啡，一邊欣賞遠方都市美景，將東京踩在腳下，體驗雄霸天空的快感。晚上回家後，有如函館百萬夜景，就出現在你的客廳，這時來杯紅酒，配上一張諾拉瓊斯的慵懶爵士，坐在天空的貴賓席，欣賞星光與家家戶戶的燈火交織出的城市物語……。

高樓層跟低樓層，身份地位差很多

咳，醒過來，回到現實！談論塔式住宅的優缺點之前，先講講這種塔式住宅的高樓層跟低樓層有什麼不一樣。因為這多半是高達三、四十層樓的大樓，因此電梯，多半分成低樓層專用電梯，中樓層專用電梯，以及高樓層專用電梯。前者僅停 1-20 樓，中樓層則是 21-35 樓，後者則是 36-50 樓之類的。一方面分散使用，一方面節省等待電梯的時間。想當然爾，低樓層採光較差，又沒無敵景觀，房價當然較便宜，因此，當你在大廳等待電梯時，不知不覺就透露出了你的身價。當然，你如果住高樓層，等電梯時，看到旁邊低樓層的，你一定會有一種高人一等的優越感（別騙我說沒有，這是人的天性）。最頂樓的兩、三層，本身就具有稀少性，因此建商都會將最高的幾層樓做成 100 ㎡（約 30 坪）以上的豪華房型，單價也會比一般樓層單價高出個兩、三成。甚至還有些地標性的建案的頂樓房，還會貴個五成。因此當你搭電梯，按頂樓時，大家一定投以羨慕的眼神！

而在價位上，低樓層比高樓層便宜許多，一般的說法是，高一層樓，總價就高出 50 萬～ 100 萬日圓。大家如果常看日劇，都知道日本的主婦很喜歡比較，拿的包包也比，老公薪水也比，兒女成績也要比，甚至有些人會因為你住在低樓層，就在心理上，以及行動上都為妳打了不合格的分數，甚至時時言語暴力揶揄。這可不是日劇裡才有的劇情，現實生活也會發生。這種稱作為「ママカースト」（媽媽階級制）的變相霸凌還引發了不小的社會問題。

塔式住宅的優點

除了灣岸一帶與西新宿、武藏小杉那一堆超高層叢林以外，其他地方的超高塔式住宅，大多是地區上的知名地標建築，因此保值性相對高。只要你挑到對的產品，這種產品除了具保值性以外，賺增值財的幅度也很高。有些港區地標型的超高層，從 2013 至今，漲幅甚至高達一倍之多。

另外，因為這類的大樓，為了防震，多半蓋得很穩固，因此可以說是半永久的產品，可能一百年後都還穩如泰山，所以沒有像是透天那種，幾十年之後就老舊不堪，需要改建的問題。也因為戶數多，修繕管理費用足夠，因此維護得好的話，甚至連你孫子輩都還可以住。

就因為超高層塔市住宅的戶數很多，所以設備也充實。很多超高層塔式住宅的公設，除了高級迎賓大廳外，有些還有健身房，游泳池，甚至溫泉。不過房價當然不便宜。另外，我曾經聽過無知的日本人說：「住在高層上，地震來很恐怖吧」！嗯……基本上這種大樓很多都是制震，甚至免震，有時候根本覺得搖晃幅度也還好。而且這一類超高層，地基都打很深。另外，歷經了 311 之後，許多超高層大樓，反而證明了其安全性，因此更添其資產價值。我也聽說過有些日本人很酸地說：「啥麼，你住超高層？應該太高了，什麼都看不見吧！」嗯……對，我的確是看不見地表上的你！

塔式住宅的缺點

說到缺點，其實剛才提到的優點，換個角度想，就是它的缺點！因為超高層的設備豐富，因此管理費也不低。而且因為超高層太高了，往後大規模的維修較費工，因此每個月要繳交的修繕費用也不便宜。也因為住的人太多了，常常會遇到等電梯等很久的情況。

另外，超高層為了減輕建築的重量，隔間不會用水泥牆，會用輕隔間，再配合隔音措施，因此不可否認，有時候樓上的小孩子在房間內奔跑，或者是樓上的住戶，東西掉落在地板上，都會有蠻明顯的聲響。而雖然大樓都有自己的供電系統，但如果萬一因為地震而導致電梯不能用，那你可得爬個三、四十樓，就像在參加新光大樓的登高大賽一樣。

此外，有些超高層大樓為了安全考量，無法開對外窗，因此只能依靠大樓的換氣系統。就算有對外窗，也因為高樓風強，無法在陽台曬衣服。還有，有些房間因為高度太高了，手機收訊很差，常常搜尋不到訊號，或者只有一格，說話時斷斷續續，這些可能都是買進時得列入考慮的要素。

除了上述生活上的不便以外，也有專家從醫學的角度去分析，說住在超高層，有可能導致流產以及精神上的影響。也因為住太高，會讓人覺得要出門很麻煩，反而容易增加宅在家裡的機率。而這種超高層大樓，在日本的住宅史也只不過只有二、三十年，往後老舊以後會發生怎樣的問題？現階段也還很難預測。

5-6

低層 or 超高層？兩者風格大不同

　　您喜歡都會風格的鬧區生活，還是安靜的住宅區呢？兩種截然不同的身活型態，答案恐怕見仁見智。

「低層住宅」與「超高層塔式住宅」，土地效用大不同

　　自住型的大樓產品，最極端的兩個例子，莫過於「低層住宅」（三、四樓左右的 RC 造電梯大樓）與「超高層塔式住宅」了。這兩者可說是個性截然不同，喜歡哪種可以說是見仁見智。前者之所以會蓋成「低層住宅」，就是因為那塊土地有非常嚴格的限建，只可以蓋低樓層，且不能當作獨立店面使用。此外，建蔽率也規定不能蓋太滿，只能蓋到土地的 50 ～ 60% 左右，容積率也是不高，頂多就是 100% ～ 150% 左右。也因此，「低層住宅」產品除非基地非常大，不然多半都是屬於中小規模的產品，戶數頂多 20 ～ 60 戶。

　　而「超高層塔式住宅」，多半都是座落於容積率與建蔽率都很高的商業用地，也就是那塊土地可以蓋出很高的大樓產品，再加上大規模的再開發（都更）所獲得的容積獎勵，可以蓋個 40 ～ 50 層樓，戶數 500 ～ 1000 戶左右。因此，到底是「低層

住宅」的建地比較值錢？還是「超高層住宅」的建地比較值錢？當然就不言而喻了，一定是後者容積高的土地值錢多了。

雖然超高層的「麵粉（土地）」比較貴，但「麵包（建物）」，也就是蓋出來分售的產品，那可就不見得了。首先，「超高層」的房屋，由於這塊土地已經由數百個人共同持有，因此你所分到的土地持分甚至不到一坪。而雖然超高層的建物本身造價昂貴，價值較高，但由於建物是會折舊的，因此你的房產當中會折舊的建物比例佔很高，不會折舊的土地部分只有一丁點。但「低層住宅」剛好相反，很大的土地僅能蓋出一點建物，因此你的土地持份有時可以高達 10 幾～ 20 多坪，反倒不會折舊的土地，佔比比較高。

兩者的居住機能及環境大不同

就居住機能及環境面而言，由於超高層塔式住宅多半位於商業區，因此生活「機能」很方便，但生活「環境」就比較欠佳，當然拉，商業區本來就比較吵雜。雖然說超高層有美麗的眺望，但因為超高層戶數過多，住戶的密度太高，且超高層因為大坪數與小套房參差不齊，出入份子也相對複雜，公德心差的人其實也不少，因此許多日本專家也都認為這種產品其實不符合長居久安的條件。

相反地，「低層住宅」區在都市計畫上，週邊是不能有超過一定規模商店的，因此低層住宅區，附近除了住宅跟一些中小學、高中跟神社、公園以外，什麼都沒有。如果要去買個東西，

就必須走到大馬路上或車站附近的商業區。採買上有一些不方便。不過就是居住環境很安寧,附近沒什麼閒雜人等。同時,也由於都心精華區人口密集,低層住宅區域的用地本來就不多,就算有,也都從很久以前就有人居住,因此不可能有太大的土地可以搞造鎮。也因此,都心的低層住宅社區規模都不大。正因為是低層住宅,頂多也就三、四層樓,所以也不會有超高層那種等電梯等不來的困擾。

記得當初在日本補習班上宅建(不動產經紀人)課程時,老師在講解容積率最低的「第一種低層住居專用地域」時,還附帶了一句說「這就是所謂的高級住宅區」。當時這句話讓我印象深刻,才發覺原來這才是真正日本人所追求的生活環境啊。本書的 3-5 節所介紹的高級住宅區,不大多也都是這樣的低層住宅區嗎?

當然,這種「第一種低層住居專用地域」,如果是在市郊或郊區,那可就一點都不值錢。真正有價值的,是在精華區的中心,還有限制高度以及綠意盎然的第一種低層住宅區,這才是日本人心目中的好住宅。交通方便,生活機能完善,但又同時擁有安靜的住宅環境以及綠意盎然的公園。因此,好地段的低層住宅資產性,總是維持得比超高層還要好。因此我自己選擇自住房時,「都心五區」與「一低層」就成了我選屋的絕對條件之一。

5-7

這才是頂級住宅！

　　這一節，我們來談論一下東京的頂級住宅。咦？怎麼沒有介紹「豪宅」呢？嗯，基本上，這篇所講的「頂級住宅」，就很接近我們台灣講的「豪宅」！

住宅產品分等級

　　台灣的「豪宅」一詞，定義較不明確。似乎只要看起來稍微高級一點的，都會被稱作是「豪宅」。甚至還有什麼「小豪宅」之類的講法。但其實日文的豪宅：「豪邸（ごうてい）」一詞，多半指的不是像「帝寶」那種高級的集合式住宅，而是指土地面積上百坪的「豪華透天獨棟」宅。像是日本首富 Softbank 孫正義在「麻布永坂町」的 1000 坪豪宅，或是 Uniqlo 社長柳井正在「澀谷大山町」2600 坪的那種，才能叫做「豪邸」。而且說實在的，日本的「豪邸」市場，跟一般不動產市場是脫鉤的。就算你要買這樣的產品，只要屋主不想賣，你也買不到。因此我們就不針對「豪邸」這種產品來討論。

　　這節討論的，是比一般「高級住宅」，更上一等級的「頂級住宅」。這種產品也是集合式住宅大樓產品，對，就是接近

像是「帝寶」那種我們台灣人口中的「豪宅」。如果用信用卡的等級來比喻的話：

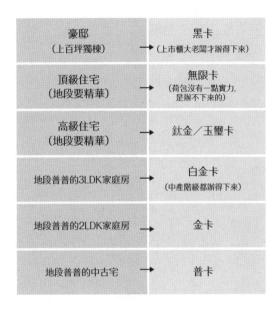

豪邸 （上百坪獨棟）	→ 黑卡 （上市櫃大老闆才辦得下來）
頂級住宅 （地段要精華）	→ 無限卡 （荷包沒有一點實力， 是辦不下來的）
高級住宅 （地段要精華）	→ 鈦金／玉璽卡
地段普普的3LDK家庭房	→ 白金卡 （中產階級都辦得下來）
地段普普的2LDK家庭房	→ 金卡
地段普普的中古宅	→ 普卡

那「小套房」呢？當然就是有多少錢，才能買多少東西的「VISA 金融卡」（因為小套房也無法貸款）。

頂級住宅的特點

一般日本人都認為，不動產會折舊，二手的轉售價會跌價，不過像是這篇要講的「頂級住宅」，多半都會很保值。且根據統計，這種產品在中古時，都很有機會變成「Vintage Mansion」，直譯就是「經典名宅，歷久不衰名宅」之意。

這種頂級住宅，乃至於往後能夠蛻變成「Vintage Mansion」

的產品，多半擁有下列六種特點：

一、頂級住宅不會在「錯」的地點，只會在都心，且地名本身要夠響亮，讓人家一聽就知道這是高級住宅區，如：「麻布」、「白金台」、「千鳥ヶ淵」、「番町」……等。但並不是只要在「都心」，且冠上這些「響亮的地名」就好，還必須得「產品本身」與「立地」兩者要能夠互相媒合。舉個例，雖然「惠比壽」也被認為是很昂貴的地段，但惠比壽車站走路兩分鐘的地方，商業氣息濃厚。也就是這這樣的地點，所蓋的住宅，它並不會變成「Vintage Mansion」。雖然說生活機能跟交通很方便，但它也就只是「方便」而已。有錢人講求的是環境，買得起頂級住宅的人，不會希望自己住家周邊太吵雜。也因此，「頂級住宅」多半不會離車站太近。

二、頂級住宅基地通常都不會太小，不然哪來的「豪氣」。且這個基地多半座落於都心的「一低層」、「二低層」、「一中高」（參考 4-7 節）等，用途限制，以及高度限制皆很嚴格的低層住宅區，這樣的地區，才能確保小環境的清幽，才不會受到商業氣息的打擾。

三、頂級住宅裡也不會參雜著小坪數住宅，清一色都是一定坪數（至少 100 ㎡／約 30 坪）以上的房型，也就是不會低總價房型與高總價房型同時存在於社區裡面。因為這樣的物件才具「稀少性」，也才可以藉由價錢來篩選社經地位到達一定的等級的住戶，才不會龍蛇雜處。換句話說，某些參雜著小坪數的「超高層塔式住宅」，住戶可能高達上百戶以上，因此它頂

多就只是「高級住宅」而已，無法算是「頂級住宅」，因此也很難有機會變成「Vintage Mansion」。

四、頂級住宅幾乎都是大建商才蓋得出來的。且這樣的產品還得符合「建材棒」、「規劃好」同時得擁有「好景觀」等要件。另外，「好景觀」不一定要是繁華的夜都市。像是在麻布、廣尾、或白金台那裏，從你家的落地窗，看出去是一片森林、開闊的天空、或大使館外圍的樹……這些也都屬於「好景觀」。同時，由於東京位處地震帶，因此「地盤穩固」也是個必要條件。

五、頂級住宅公設及管理要到位。像我就曾經看過一個案子，他一層只有四戶，總共也才十幾戶，但它就是大手筆做了兩支電梯，目的就是要讓你隨時想要搭電梯，電梯就會來。而且電梯間出來，還有每戶專屬的等待空間。另外，倒垃圾時，你還不需要自己搭電梯拿去大樓一樓的垃圾場，只要拿到你房間門口私人的垃圾空間，管理員就會定時來幫你收走。

六、另外，周遭小環境的氛圍，我認為是最重要的要素。怎樣的氛圍才叫做好氛圍呢？可以多少從這附近的建築，街景輪廓，以及周遭活動的人來觀察出。這就像是兩個小姐站在你面前，即使他們穿著一樣的衣服，梳著一樣的髮型，但兩個人所散發出來的氣息與氣質就有可能完全不同。高級住宅區也是。看起來街道都長得一樣，生活機能看起來也都差不多，但是高級住宅區，「氛圍」就是感覺得出來。建議各位讀者不妨多多實地走走，你，會發現哪裡不一樣的。

有錢想買，還不見得買得到！

這樣子的產品由於戶數少，又具備「珍、稀、絕」要件，因此多半會在你不知情的情況之下就銷售一空。甚至有些格局較好的戶數，多半都被地主或者開發商相關人員直接吃下來，因此根本也不會釋出來賣。

這種產品，建商不會大打廣告，只會在自家網頁刊登消息，又或者只會通知有加入建商會員的客戶。站在銷售端的立場來看就知道，這種產品根本不需要太用力賣，就會輕鬆完銷。而且甚至常常會有一大堆人要跟你搶，因此到最後幾乎戶戶都得抽籤。換句話說，你有錢，還不見得買得到。

我曾經去看過某個案子，它位於植物園第一排。而且他的第一排，還不是隔著馬路，而是你從你的室內陽台，就可以摸到植物園裡面的樹的那種第一排。它就只有 16 戶，且最高樓層的兩樓，早就被地主及相關人員自己包起來了，也就是即使你有錢想要買，是一點機會都沒有。而且建商作法也很強勢，因為一戶高達三億日圓，因此一般人，幾乎都需要使用貸款才有辦法購買。但建商卻擺明說，如果你要貸款，我們不跟買方簽署「貸款如果下不來，則解除契約」這種附帶「停止條件」的合約。請在抽籤之前，自行先去跟銀行談好，確定銀行願意貸款給你，發證明給你後，才願意讓你進來抽籤。

而且其實這個頂級案件，從建商開始「事前說明會」，到「正式發售抽籤」日，只有短短兩週，這……建商擺明了就是只想

要賣給能拿出現金的有錢人而已。因為建商也知道，像這種案子，後面排隊拿現金等著購買的客人一堆，賣你，只是徒增他們自己的麻煩而已。也就是說，如果你想住進這樣的地方，而你卻只有一億日圓的現金，需要貸款的話，那你可能連抽籤的機會都沒有。這種產品可能隨時要有個三億日圓的閒錢擺在那裡的人，才有辦法入住。當然，連談價錢的空間都沒有！那……它有賣得很好嗎？嗯，「當日完銷結案」！

至於要怎樣才有機會購得這種跌價機率極小的「頂級住宅」呢？除了備妥厚厚的現鈔外，也就只能平時多多留意各大建商的網站，一看到類似的消息就積極與建商接洽了。祝各位買到理想好宅。

5-8

木造透天，少碰為妙！

　　我常常告訴想要投資的朋友說：「木造透天，少碰為妙」。除非你要買的產品是精華區蛋黃區的木造透天，且土地夠大，不然這種產品資產價值較差。原因就在於會拿來蓋木造透天的土地，其容積率都不高。因此如果你的目的是投資，多半買來後都只會變成燙手山芋（除非你另有方法可以拿來創造高收益，例如：改建為簡易宿所，拿來自己經營民泊之類的……）。

木造透天，人生中繼站，不是終點站。

　　日本人在年輕力壯時，都會有個夢，就是想要在郊區買個全新的木造透天厝，擁有自己的土地，自己的家。但隨著兒女長大，到了都心求學、工作、定居後，孩子們就再也不會回到這個老家居住了。而這時，你也老了，想一想，自己可能再過幾年就會死了，如果這樣就把透天當作遺產給兒子，可能對兒子來說會是一個負擔，因為想租也租不掉，每年還得繳沈重的固定資產稅。

　　想想，這個郊區的透天厝，兒子又不回來住，那乾脆就把它賣掉，換到都心五區的電梯大樓。因為自己年邁的身子已經

無法爬樓梯了，也常常要去醫學中心報到，住在都心的電梯大樓總是比較方便。但……問題來了，你的郊區中古老舊透天厝，賣不掉！

中古木造透天賣不掉的原因

咦？為什麼賣不掉？總有當初跟你一樣的年輕人，想要到郊區買屋養孩吧。對的，有！但是由於你的房子是木造建築，在銀行的眼中，它的耐用年限就只有 22 年，因此你 30 年的木造中古透天厝，在銀行的眼中不具任何擔保價值。基本上，會買你房子這種價位的人，多半都不是錢多多的富二代，只會是一般穩扎穩打的上班族。如果不能貸款，他們要怎麼買你的房子呢？因此他們寧願去買貴一點的新屋，因為至少可以貸款。

攤開日本厚生勞動省的人口動態統計，目前日本每年的死亡人數，遠遠高於結婚的人數。這個數據可以這樣解讀：「死亡時」＝郊區的透天會被兒子拿出來賣；「結婚時」＝年輕人會去買郊區的透天。從這個數據看來，也就是郊區的中古木造透天的釋出量，屆時將會遠遠高出需求。同時，日本早已正式邁入人口減少的時代。在這種人口減少的年代，只會讓人口更加往東京都心移動，因為郊區已經找不到工作。人走光了，自然經濟就支撐不下去。沒了居住需求，當然郊區的木造透天也不會有人要接手，就算你想出租，也不會有人要租。也就是在人口減少的時代，只有都心的不動產，才能減少其衝擊。

人生不是只有「投資」與「房價」

上述的觀點，是以投資，以及資產價值的角度在敘述。但人生，並不是只有維持資產價值一事。有些人就是喜歡住在郊區，不喜歡都心的喧鬧。當然這種價值觀也是個人的選擇，沒有所謂的對或錯。不過因為本書主要談論關於投資，因此大部分的觀點還是以投資跟資產價值為優先。每當朋友詢問關於木造透天的購屋事宜，我當然是建議「不要買」，但既然這是他自己的選擇，我當然尊重每個人不同的價值觀。

何謂「建壳住宅」？

朋友問道，最近常常看木造透天，但日本有分成「建壳」以及「建築条件付（壳建）」兩種不同的情況。建商買了一塊很大的地，然後自己劃分很多小塊，在裡面規劃道路，小公園，在每個小塊上分別蓋上木造透天後來出售給消費者的方式，就叫做「建壳」。也就是先「建」了，再「賣」。買這種型態的房屋，優點就是你不用煩惱室內格局，以及裝潢事宜，就像在買大樓產品一樣，看中意了，就買下去了。當然，缺點就是缺乏彈性。一般人，會想要買木造透天，多半都是較有自己的想法，例如想要大的浴室、視聽室，寬敞，附有 walk-in closet（更衣室）的主臥等等，因此買了這種「建壳」住宅，就等於跟買大樓一樣，已經無法變更了。

何謂「建築條件付（売建）住宅」？

至於「建築條件付」的住宅呢？一般又稱作「売建」，也就是剛好跟上述的情況相反，先將地「賣」出去了之後，再「建」。因此「建売」在法律上，建築者就是「建商」，但後者「建築條件付（売建）」的建築者，就是「你（買方大人）」。咦？那不就等於自己買地來蓋嗎？不，你錯了。它會叫做「建築條件付」，意思就是建商要賣你這塊地時，同時會要求你簽下「一定要發包給他們興建房屋」的合約。也就是一旦你買了這塊土地，你就不得不請他們幫你興建（不然他們幹嘛辛苦去買了地再來賣你？就是要叫你給他們蓋，讓他們賺啊）。這種「建築條件付」的好處，就是至少室內的格局可以自己決定，設備也可以自己選擇。不過其實也不用高興得太早。

「建築條件付（売建）住宅」是小建商的避險手法

一般像是野村，或者是三菱地所等大建商，他們所蓋的木造透天，多屬於前者「建売」，而且多半都是大規模的造鎮，因為大建商有錢，也有能力玩這個。當然像是這種大建商，蓋的品質不會差到哪裡去，出現黑心房屋時也不會索賠無門。但是如果是「建築條件付」的住宅，就比較像是一般路邊小小工務店會做的操作方式。其實小業者會使用「建築條件付」的販售方式，先「賣地」之後再「蓋屋」，其實對他們公司而言，就是一種避險的手法而已。因為小公司不如大建商，有大筆的廣告經費跟信譽，如果他們學大建商，先建後售，到時候蓋得不夠美輪美奐，又賣不掉的話，豈不成為了賣不出去的「貨底」

了嗎？更何況建物，尤其是木造建物一年一年還會折舊，一旦蓋好了，一年之內沒有順利銷售出去的話，在日本的法規上，它就不能叫做「新築」住宅了。這對小建商來講，還蠻傷的，因此小建商會採取這樣的避險手法也就不足為奇了。

「建築条件付（売建）住宅」的陷阱

但實際上像這種「建築條件付」的「売建」住宅，真的自由度就很高嗎？那可就未必了。建商賣你房，就是想要賺你錢。有可能到時候基本格局都不能變更（部分原因跟建築基準法也有關係），另外，就設備部分，有可能業者也是東省西省，如果你要好一點的設備，往往都要多加錢，因此整體下來，有時候大建商販售的「建売」住宅反而還比較划算。

如果只是錢的問題，那倒還好，但日本其實也有許多黑心小建商，用黑心建材來蓋房子，詳細具體情況日本媒體也都有踢爆。例如房子是斜的，地下防潮、屋頂隔熱沒做，用很差的木板當隔間牆……等。而且小建商也很有可能就是一案建商，出問題，換個名字再出發就好了。因此本書還是良心建議，寧買「都心」大樓產品，不買「郊區」的木造透天。

5-9

享受人生！別墅溫泉宅能買嗎？

日本的郊區溫泉宅，像是伊豆高原之類的，房價都非常便宜。可能一整棟木造透天售價都不到 800 萬日圓。許多海外投資客看到這樣的房價，就像看到跳樓大拍賣一樣，就給它買下去了。至於這樣的產品能不能買？投資，一定穩賠。自用，那就見仁見智了！

大樓型的，還是透天別墅型的？

像是這樣的溫泉宅，大概可以分成兩種型態。一種就是有上百坪獨立土地與一棟木造建築，有接溫泉管線的「別墅」；另外一種就是公寓大樓型的產品，就像我們台灣礁溪的溫泉宅一樣，區分所有權式，每個人一間 10 ～ 50 坪不等的房間的「大樓」型產品。它有電梯，共用溫泉澡堂，管理中心，有些規模較大的，甚至還附設 餐廳。

這兩者最大的差別，在於「維持成本」。如果是「別墅」型的，由於是木造建築，而且又因為折舊得差不多了，雖然說它有上百坪的土地，但因為地價非常便宜，因 此固定資產稅其實一年也高不到哪裡去，大概就 30 ～ 50 萬日幣不等。至於建

築物的維護，樹木的修剪……等，就看各個屋主的保養狀況。常去的話，就會維持得還不錯，花的錢可能也不多，但若不常去的話，就會折舊劣化得非常快。但因為是個人所有權的東西，即使稍稍殘破，你要選擇不維護也可以。但如果是「大樓」型的，這維護成本可就高了。由於「大樓」型的屬於 RC 造，又需要支付管理費跟修繕費用，且又因為是溫泉宅的性質，這些費用都會比一般都心的居住大樓還要來得高，因此一年的維持費用可能會超過 100 萬日幣。

好啦，既然是要享受人生，而這些問題其實都是可以預先設想到跟規劃的。那假設這些費用都是你的預算內，你也會常常去的話，那要不要買，其實端看你個人的喜好。下手購買之前，我們不妨先來思考一下下面的問題，如果都覺得 OK 的話，再下手也不遲。

套牢一輩子，仲介不想賣！

有一天，我跟伊豆高原的業者約好，打算要看三個物件，兩個「別墅」型的，一個「大樓」型的。其中一個別墅很漂亮，不過在深山當中，公車雖然會到，但是要一個多小時車程，公車班次一天也才六班。基本上這個物件雖然很好，但你要知道這個東西，買了，就是套牢一輩子了。怎麼說？因為不會有人接手，而且連仲介都不想賣！

當天到了當地的仲介店，原本溝通好要看三個物件的，沒想到業務員裝傻，只想帶看前兩個車程十分鐘的，不想要帶看

最棒的，車程三十分的，因為他覺得不會有人買。還是我很堅持地說我一定要看，都從東京搭車兩個小時來了，怎麼能不看呢？他才勉為其難開車帶我上山看屋（而且還面帶屎色）。

在車上時，我就跟他閒聊。得知這個別墅區，是泡沫時代的大型造鎮，當初可能一戶都要六～七千萬日圓，而今，只剩幾百萬，還沒人要買。這裡總共有 1000 多戶別墅，每棟的土地都是三、四百坪，但只有 70 幾戶定居在這裡。這時我又很故意地問了一句：那請問貴公司，在這個別墅區，一年成交幾戶呢？沒想到仲介也毫不掩瞞地告訴我，說他做了三年，公司才成交兩戶。也就是這裡的物件「不流通」。而這裡他們正在銷售的，很多都是賣了兩、三年了。所以你一旦買了這個地方，就一定要像養寵物一樣，一輩子不離不棄！

高額電車費，交通不方便。

另外，這些美輪美奐的別墅區，有大自然，清幽的環境，乾淨的空氣，與世隔絕。換句話說，就是「很難到達」。如果你在東京工作，要來這裡放鬆度假，首先要先搭 2 個小時的電車，單程票價高達 6,000 ～ 7,000 日圓，來回就是一個人要一萬五仟日圓左右。到了車站後，還得搭公車或者小黃，才能到達你的別墅。或者，你可能就要在日本也買一台車了，至少可以從東京直接開個三個小時到別墅。

而如果你想要去買個生活日用品，基本上附近什麼都沒有，一定要開車到車站附近才會有超市。因此如果你要長期定居在

這裡，可能會無聊死，而且不管去哪裡，都要開車半小時。好拉，即使不是這個別墅區，而是其他「大樓」型的產品，基本上也都是要開車，只是可能比較近一些，從車站開個十幾分鐘。社區附近也是什麼都沒有，頂多就社區裡面有幾台自動販賣機而已，無聊程度不會比 30 分鐘車程的那個好到哪裡去。

那……我買離車站近一點的別墅啊！……欸，不過離車站近，一點都沒有鳥語花香、青山綠水、雲霧飄渺、浮雲朝露。沒有 Fu，又要三、四千萬，那到底買這裡幹嘛？

大雪潮濕，無法生活

山上，容易起霧，濕氣也很重。因此你的度假生活可能要整天開著除濕機。而且，冬天還一定會積雪。上網 Google 了一下這裡冬天的景色，你會嚇到，原來積雪是可以積到你的胸部這麼高的，而且雪會從一月份一直積到三月份才融化。換句話說，冬天來住，會非常不方便，來這裡還得重勞動，先鏟雪，你才進得了家門。一般市售的電熱暖氣在這樣的氣候下根本無效，要安裝外國電影裡那種燈油式的，很大台的，才能稍稍舒緩寒冷的氣息。

如果你天天都住在這裡倒還好，如果你是偶爾度假來住，基本上冬天的水管一定會結凍，好不容易冒著風雪，寒風徹骨，千里迢迢來到你的別墅，結果發現溫泉水管結凍了，沒有暖呼呼的溫泉泡，還真的不知道是來這裡幹嘛的。再加上山路積雪，如果不小心打滑的話……。

維護辛苦

　　房子一定要有人住，如果空屋太久的話，屋內的狀況很容易就變糟。雖然說「大樓」型的產品，有管理中心在維護公設，但如果你室內沒人住，很快地，就會看起來像是咒怨裡面的鬼屋。我去看的第二間「大樓」型的，就是因為潮濕，窗戶旁邊都長蘑菇了，雖然它是 RC 造的，但天花板似乎也都有了漏水的痕跡。而因為屋主都沒有來使用，因此即便是它裝潢感覺都沒有刮傷或損壞，但看起來就是「舊得很噁心」。這一間賣 1,000 萬，但可能光是這些地板，窗戶等的補修費用，壁紙重貼，防水工程……等，大概也要花到你 1,000 萬。將近 2,000 萬，有必要買在這種地方嗎？

　　當然，如果這些你都能接受，你也可以閒閒常常去住的話，說不定是個相對划算的選擇。只不過，我想應該沒有台灣賣海外不動產的業者，願意做你的生意。因為光是帶看，就要花車錢好幾萬，而搞不好成交時，仲介費都抵不了這些車錢費用，更何況以後你想賣，可能沒人願意幫你賣喔。

5-10

滑雪宅的昔與今

溫泉宅不能買，那滑雪宅呢？其實在不知不覺當中，日本許多滑雪場附近，已經被外資以及中資入駐，大規模地造鎮度假村，房價一間還賣你一億日幣呢！

帶我去滑雪

先來講個滑雪場炒房故事，發生在新潟県南魚沼郡湯沢町。對，就是諾貝爾文學獎得主：川端康成筆下的「雪國」。從上越新幹線的「越後湯沢」車站走路不遠的地方，由於當時泡沫經濟，加上山上博史與原田之世主演的電影「私をスキーに連れてって（帶我去滑雪吧）」的吹捧，配上了紅極一時的電影主題曲：松任谷由實的「恋人がサンタクロース（戀人是聖誕老人）」，讓日本興起了一股前所未見的滑雪熱潮。

年輕男女幻想著自己能跟電影男女主角一樣，來個滑學場之戀；有錢一點的，則是想要在滑雪場前擁有自己私人的渡假溫泉宅，讓自己隨時想滑就滑。也因為這樣的一窩蜂，建商有利可圖，因此在這裡興建了高達 50 棟以上，約 1 萬 5000 戶的渡假屋。但時至今日，由於這裡的滑雪熱潮已退，再加上泡沫

破裂，導致當初分售價格高達數千萬日圓的渡假宅，現在則是連賣 10 萬日圓，都沒人接手！

十萬日圓的滑雪宅

這個溫泉渡假宅，其實並不是真的 10 萬日圓你就可以得手。日本的不動產，只要「持有」，就有很高的固定資產稅。而且這些溫泉設備，維護的管理修繕費用都不便宜，因此很多屋主就把房子丟在那裡，稅金跟管理費都不繳了。也就是說，這個物件就算免費送你，你都得補繳之前屋主高達數百萬日圓的欠款，才可真正擁有這個不動產。而且，據瞭解實情的業者透露，由於管理修繕費用欠款的人太多了，因此實際上設備早已老舊不堪，整個社區鬼城化。因此買了之後，你也不見得就能享用溫泉設備，開心渡假享受人生。

日本人不滑，外國人來滑

比起 90 年代的滑雪風潮，現代的日本年輕人都不滑雪了。聽說長野縣的白馬滑雪場，比起全盛時期的 2000 萬人，現在掉到只剩下 550 萬人。因為現在的年輕人沒錢、沒興趣、沒物慾、不交際。只要有手機，一切搞定！

但……你以為這樣滑雪場就經營不下去嗎？你錯了，反而現在白馬這邊很多歐洲人以及澳洲人來滑。聽說因為這裡的雪質非常好，所以吸引了許多歐美喜愛滑雪的人來，而且一來都是十幾天。但，他們不是住飯店，是「買民宿」！雖然一年只

滑十幾天，但這些老外很聰明，自己不住的期間就委託民宿租賃公司幫他們短租給其他滑雪客賺房租。聽說這樣的房子，一間 90 平米，要價一億日圓。

天價滑雪宅，超高投報率？

對，你沒有看錯，這個單價超過每坪 360 萬日幣，已經直逼東京都灣岸地區以及西新宿的超高層塔式住宅的價位了。賺得回來嗎？聽說一晚可以租 9~12 萬日幣，投報率高達 43%，也就是，兩年多一點點就回本耶！！只不過一年當中不知道可以租幾個月就是了。不過就算一年只有租掉 60 天，換算下來，投報率還是高達 7.2%（當然還得扣掉成本，管理費等）。

同樣，北海道的ニセコ（Niseko）滑雪場，也是被香港以及中資以上述的手段大量入侵。不過北海道這裡更貴，單價每坪超過 500 萬日幣，直逼港區超高層單價。真不愧是外國人，有勇氣拿港區的價錢來買北海道！這裡則是香港的開發商來蓋，然後全部賣給大陸人跟香港人。

新聞一出，其實連日本很多的不動產業者都以為這是假消息，是建商為了炒作賣房亂放話的，不過經報導的記者求證屬實。也難怪業者會這樣反應，因為這種價位實在非常離譜。

當然，聽說這兩地滑雪宅，買的，沒有一個是日本人。全部都是外國人。也真不愧是外國人，都有買房投資，資產配置的概念。他們會為了喝牛奶而養一頭牛，而自己不喝牛奶的時

候，就把奶賣給別人喝。有錢人果然跟你想的不一樣，所以他們會有錢！所以其實我個人認為「為了喝牛奶而養一頭牛」並不是錯誤的觀念，只不過你要有看牛的眼光，要養到可以擠出濃醇香的好牛，不能養到那種快死的，連肉都很難吃的老母牛囉。

像是這類型的投資，就是得要高投報，在你買的前幾年，就快快把資金全部回收回來。只不過要小心的是，如果外國人的滑雪風潮哪一天突然退去，你的房子，可能就得打折再打折，打到骨折都沒人接了。畢竟，這就是一個沒有本地客，只有外國客的不動產市場。

税 制 篇

日本萬稅萬萬稅，各種持有成
本也比你想像中的高出許多。
搞懂稅金與投報率的關連，善
用節稅技巧，才是賺錢的致富
關鍵。

Tax System 6

6-1

稅金，影響投報率

　　人在台灣，投資日本房市，就等於是分給國稅局、稅理士、管理公司、以及房仲業者一起賺嗎？常常聽到網路或台灣電視台，報章雜誌的（置入性新聞）說，日本房市的投報率多高多高，7% ～ 10% 都不成問題。沒錯，真的就那麼高！不過這只是「表面投報率」而已，跟實際進你手中的，還差一大截呢！

　　「實際投報率」的計算，必須還要扣除稅金、管理費用，並且還得將你取得時，所耗費的成本，加到你的房價上。而各項稅金的詳細，我們會在之後的各節介紹。本節就稍微介紹一個實例，讓各位了解「表面投報率」與「實際投報率」的差異有多大！

　　目黑區、車站兩分鐘、中古小套房、總價 850 萬日圓，每月房租 5.8 萬日圓。

　　表面投報率＝ 5.8 萬日圓 ×12 個月 ÷ 總價 850 萬日圓
　　　　　　　＝ 8.18%

買房時的成本

上述的例子，看似高投報，但是「實際投報率」的計算，必須將你買房時的成本加上去。因此 850 萬日圓，還需加上取得時的「不動產取得稅」、「仲介費」以及「登記費用（司法書士報酬及登錄免許稅）」與簽約時，必需貼在契約書上的的「印紙稅」。

「不動產取得稅」的課稅標準為「固定資產課稅台帳」的登錄價格。這可不是你的成交價喔，而是記載於都道府縣各個行政區裡的「固定資產課稅台帳」裡的價格。此例為「房屋 22,500 日圓＋土地 31,100 日圓＝ 53,600 日圓」。計算方式於 6-2 節詳細介紹。

而購買時的「仲介費」為「（850 萬日圓×3%＋6 萬日圓）×1.08 消費稅＝ 340,200 日圓」。

「印紙稅」為製作不動產契約時，需要貼在合約書上的印花稅。依成交金額而不同。這裡總價未滿 1,000 萬日圓，故為 5,000 日圓。

契約書上記載金額	印紙稅
10萬日圓～50萬日圓	200日圓
50萬日圓～100萬日圓	500日圓
100萬日圓～500萬日圓	1千日圓
500萬日圓～1,000萬日圓	5千日圓
1,000萬日圓～5,000萬日圓	1萬日圓
5,000萬日圓～1億日圓	3萬日圓
1億日圓～5億日圓	6萬日圓
5億日圓～10億日圓	16萬日圓
10億日圓～50億日圓	32萬日圓
50億日圓以上	48萬日圓

　「登錄免許稅」則為所有權登記時、以及貸款抵押權設定時所需繳納的稅金。計算方式為「固定資產課稅台帳登錄價格×稅率（土地 1.5%、建物 2%、另有特例）」。本例為 47,254日圓。

　「司法書士報酬」則因每家事務所的服務而有所不同。本例為 78,264 日圓。

　因此本例的實際買房成本為 9,024,318 日圓。
（總價 850 萬日圓＋不動產取得稅 53,600 日圓＋仲介費340,200 日圓＋印紙稅 5,000 日圓＋登錄免許稅 47,254 日圓＋

司法書士報酬 78,264 日圓。）

持有時的成本

持有時，每年須繳「固定資產稅」、「都市稅」、「所得稅」、「房屋管理修繕費用」、「管理公司集金代行費用」。

關於每年的「固定資產稅」以及「都市稅」，也是以「固定資產課稅台帳登錄價格」來計算，並且每三年改訂一次。計算方式於6-3節介紹。此例的土地部分固定資產稅為4,844日圓、都市稅為2,076日圓。建物部分固定資產稅為10,528日圓、都市稅為2,256日圓。因此一年份的「固都稅（固定資產稅＋都市稅）」總和為19,704日圓。

而「所得稅」則依個人所得，稅率不同。此物件年收租約為70萬日圓，扣除各項費用後的課稅所得為50萬日圓（暫不計入基礎控除），因此以5%稅率計算。約為25,000日圓。非居住者投資客不需要繳納「住民稅」。若所得稅委請稅理士計算，則收取 3~10 萬日圓不等的報酬。

此物件每月的管理費用為 7,480 日圓、修繕費用為 2,720 日圓。因此一年的總支出為（7,480 ＋ 2,720）×12 個月 =122,400 日圓。

若委託代管公司管理「集金代行」服務，幫你收取房租，則每個月收取房租的 5%，並加上消費稅。此例的「集金代行」，

每年的費用為（5,8000 日圓 ×5%）×1.08 消費稅 ×12 個月
=37,584 日圓。

因此本例的持有成本，一年為 244,688 日圓。
（固都稅 19,704 日圓＋所得稅 25,000 日圓＋管理修繕費
122,400 日圓＋集金代行 37,584 日圓＋稅理士報酬 40,000 日
圓。）

實際投報率

實際投報率的計算方式為（每年收到的租金－每年持有的
成本）÷ 買房時的成本。因此這間小套房的實際投報率計算如
下：

（月租金 58,000 日圓 ×12 個月－每年持有成本 244,688
日圓）÷ 買房成本 9,024,318 日圓 ＝ 451,312 日圓
÷9,024,318 日圓＝ 5%

此例的「表面投報率」高達 8.18%，但「實際投報率」卻
只有 5%。不過上面這個例子並沒有把「空屋」算進去。上述的
例子，是假設你運氣很好，房客一直租下去。如果途中房客搬
走，你會有空屋少收租金，同時又要繳管理費用，為了找新房
客，還得給房仲業者仲介費用。因此實務操作上，投報率會遠
比 5% 低。

來，這裡我們就來再算嚴格一點。假設每年空屋一個月，

那麼你一年收到的租金則只有 58,000 日圓 ×11 個月 =638,000 日圓。若兩年換一次房客，支付一個月的仲介費用，則平均每年要花費 29,000 日圓的仲介費用。若房客搬走後，可能得花個十萬日圓整修內裝重貼壁紙等，因此每年約多出 50,000 日圓的內裝整修費用。這時實際投報率的計算如下：

（月租金 58,000 日圓 ×11 個月 - 每年持有成本 241,556 日圓 - 每年平均出租仲介費用 29,000 日圓 - 每年平均內裝整修費用 50,000 日圓）÷ 買房成本 9,024,318 日圓＝ 317,444 日圓 ÷9,024,318 日圓＝ 3.51%

上面計算式的「每年持有成本」原本為 244,688 日圓，但由於假設空屋期為一個月，而這一個月，代管公司不會收取集金代行費用，因此持有成本降為（244,688 日圓－一個月份的集金代行費用 3,132 日圓）＝ 241,556 日圓

投報率從一開始的表面投報率 8.18%，頓時降至實際投報率 3.51%，有沒有覺得頓時少了一半，很衝擊呢？因為你賺的房租錢，大部分都被日本的國稅、地方稅、以及管理公司、集金代行公司還有仲介業者跟稅理士分走了。因此投資前，可別再被「表面投報率」給迷惑囉。

6-2

買屋時的不動產取得稅

　　日本買房子時，最大筆的稅金，應該就屬取得時要繳的「不動產取得稅」跟每年要繳的「固定資產稅」了。這一筆「不動產取得稅」屬於地方稅，於取得不動產時，繳納給都道府縣。贈與、甚至連增改建你的建物時，也得繳納。當然，自住與投資時的算法不同。除非你在日本長居，有「在留卡（居留證）」，可以拿得到住民票，不然就算你買來自住當渡假屋，也是無法當作自用稅率。因為申請減稅的時候，都稅事務所會要求你提出住民票。

　　另外，不動產取得稅不是房屋過戶的時間點繳納，而是隔三、四個月，甚至要將近一整年才會突然寄稅單來要你繳，因此，總是在你忘記有這筆費用的存在時，冷不防讓你大失血。

取得稅計算方式

不動產取得稅的計算公式如下：

　　　　不動產取得稅＝課稅標準 × 稅率

「課稅標準」：並不是以你的成交價來計算的。基本上，是以「固定資產課稅台帳」的登錄價格為準。如果是住宅用地，則「土地」部分的「課稅標準」則為「固定資產課稅台帳」的登錄價格 ÷2；「建物」部分則完全按照「固定資產課稅台帳」的登錄價格（也就是沒有「除以二」的優惠）。因此下面的實例中的「課稅標準額」，是按照都稅事務所寄來的單據上的數據，土地部分已經是除以二的價格了。而這個「固定資產課稅台帳」的登錄價格要去哪裡查呢？要請屋主去都稅事務所申請「固定資稅評價証明」（房仲調閱需要屋主委託書）。而且由於固定資產，又分成「土地」跟「建物」，因此必須兩者都申請，並且各計算其稅率。

「稅率」：原則上，2021 年 4 月以後取得的，無論土地或建物，一律都為 4%。但這之前取得的，土地為 3%，居住用建物為 3%，一般建物為 4%。此為時限立法，但也許今後 3% 的稅率也會持續沿用也説不定。

實例介紹

這裡提供三個規模不同的實際案例，各列出其土地及建物的「課稅標準額」，供大家參考。以下價格皆以日圓計算。

第一個，大概為 80 ㎡（約 24.2 坪）的五年中古屋。實際成交價約為 8,000 萬日圓。土地部分需繳納 169,200 日圓，建物部分需繳納 373,500 日圓，也就是一共要繳納約 54 萬日圓的稅金。

土地	課稅標準額 5,641,000 × 3%稅率 = 169,200 （台帳登錄價格11,282,000÷2=5,641,000）
建物	課稅標準額12,450,000 × 3%稅率 = 373,500

第二個，大概為 25 ㎡（約 7.5 坪）的全新 1K 套房。實際成交價約為 3,000 萬日圓。土地部分需繳納 68,500 日圓，建物部分需繳納 147,200 日圓，也就是一共要繳納約 21.5 萬日圓的稅金。

土地	課稅標準額 2,284,000 × 3%稅率 = 68,500 （台帳登錄價格4,568,000÷2=2,284,000）
建物	課稅標準額4,907,000 × 3%稅率 = 147,200

第三個，為 6-1 節舉出的例子。大概為 15 ㎡（約 4.5 坪）的 20 年小套房，總價 850 萬日圓。土地部分需繳納 31,100 日圓，建物部分需繳納 22,500 日圓，也就是一共要繳納約 5.3 萬日圓的稅金。

土地	課稅標準額 1,038,000 × 3%稅率 = 31,100 （台帳登錄價格 2,076,000÷2=1,038,000）
建物	課稅標準額 752,000 × 3%稅率 = 22,500

「課稅標準」的特例

如果你購買的是 50 ㎡～ 240 ㎡的全新住宅房，或者相同大小，供自己居住使用的中古屋，則「建物」部分的「課稅標準」還可再享有最高 1,200 萬 ~1,300 萬日圓的控除。「土地」部分的「課稅標準（已經除以二的）」，亦可享有「一定金額的控除（本例約 6,000,000）」之優惠。例如第一例的 80 ㎡中古屋，由於大小符合，若登記自用住宅，因此其不動產取得稅為：

土地	課稅標準額 (5,641,000-本例約6,000,000) × 3%稅率 ＝0
建物	課稅標準額 (12,450,000-12,000,000) × 3%稅率 ＝13,500

6-3

每年都要繳的固都稅

　　上一篇講的是不動產「取得時」的稅金，而這一篇，則是你「持有時」需繳納的稅金。在台灣，你如果持有房屋，每年都要繳納地價稅跟房屋稅。日本購屋也有這種每年都要繳的持有成本。只不過比起台灣，日本的稅金真的貴太多了。大概每年的五月，六月這段期間，都稅事務所會寄一疊厚厚的稅單，要你繳交「固定資產稅」以及「都市計劃稅」。因為這兩種稅，是放在同一張單子繳納的，因此一般又稱作「固都稅」。同時這兩種稅，也都有各分土地以及建物部分。單字寄來時，會有五張。因為這稅金實在太高了，對於一般人來說，真的是一個很大的負擔，因此讓你可以分期付款繳。看你要選擇一次繳清的，還是分四期的，全看你自己的經濟能力。

固都稅的計算方式

這兩種稅金的計算方式如下：

　　固定資產稅＝課稅標準 × 稅率 1.4%
　　都市計劃稅＝課稅標準 × 稅率 0.3%

　　這裡的「課稅標準」也是以「固定資產課稅台帳」的登錄價格

為準的。也由於固定資產又分成「土地」跟「建物」，因此必須兩者都申請，並且各計算其稅率。稅率原則上就是上面的 1.4% 以及 0.3%。不過如果「土地」是住宅用地，小於 200 ㎡的部分，「固定資產稅」跟「都市計畫稅」，可以再減免（建物部分沒有）。減免方式如下：

> 住宅用土地 固定資產稅＝課稅標準（固定資稅課稅台帳價格 ÷6）× 稅率 1.4%
> 住宅用土地 都市計劃稅＝課稅標準（固定資稅課稅台帳價格 ÷3）× 稅率 0.3%

上面這種減免的計算方式，只有「土地」部分喔，「建物」沒有喔。另外，如果你的房子是豪宅，超過 200 坪米以上，其超過的部分可沒這麼好，讓你減免這麼多。超過部分的計算式如下：

> 住宅用土地 固定資產稅＝課稅標準（固定資稅課稅台帳價格 ÷3）× 稅率 1.4%
> 住宅用土地 都市計劃稅＝課稅標準（固定資稅課稅台帳價格 ×2/3）× 稅率 0.3%

實例介紹

這裏依照 5-2 節提到的三間房屋，我們大致上來試算一下它們的固都稅，各是多少。以下價位皆已日圓計算。

第一個，大概為 80 ㎡（約 24 坪）的五年中古屋。

土地固定資產稅	課稅標準（固定資稅課稅台帳價格 ÷6）× 稅率 1.4% 11,282,000 ÷ 6 × 1.4% = 26,324
土地都市計劃稅	課稅標準（固定資稅課稅台帳價格 ÷3）× 稅率 0.3 % 11,282,000 ÷ 3 × 0.3% = 11,282
建物固定資產稅	建物固定資產稅＝課稅標準 × 稅率 1.4% 12,450,000 × 1.4% = 174,300
建物都市計劃稅	建物都市計劃稅＝課稅標準 × 稅率 0.3% 12,450,000 × 0.3% = 37,350

第二個，大概為 25 ㎡（約 7.56 坪）的全新 1K 套房。

土地固定資產稅	課稅標準（固定資稅課稅台帳價格 ÷6）× 稅率 1.4% 4,568,000 ÷ 6 × 1.4% = 10,658
土地都市計劃稅	課稅標準（固定資稅課稅台帳價格 ÷3）× 稅率 0.3 % 4,568,000 ÷ 3 × 0.3% = 4,568
建物固定資產稅	建物固定資產稅＝課稅標準 × 稅率 1.4% 4,907,000 × 1.4% = 68,698
建物都市計劃稅	建物都市計劃稅＝課稅標準 × 稅率 0.3% 4,907,000 × 0.3% = 14,721

第三個，為 6-1 舉出的例子。大概為 15 ㎡（約 4.5 坪）的 20 年小套房。

土地固定資產稅	課稅標準（固定資稅課稅台帳價格 ÷6）× 稅率 1.4%
	2,076,000 ÷ 6 × 1.4% = 4,844
土地都市計劃稅	課稅標準（固定資稅課稅台帳價格 ÷3）× 稅率 0.3%
	2,076,000 ÷ 3 × 0.3% = 2,076
建物固定資產稅	建物固定資產稅＝課稅標準 × 稅率 1.4%
	752,000 × 1.4% = 10,528
建物都市計劃稅	建物都市計劃稅＝課稅標準 × 稅率 0.3%
	752,000 × 0.3% = 2,256

另外，各個地區，以及各種不同的建物仍有輕減措施。因此上述的金額，是一般情況下的概算。實際稅金金額一律以「固定資產關係證明書」上所記載的金額為準。因此如有需要知道正確的金額，可委請你的仲介人員叫屋主去申請。

6-4

賺租金也要繳所得稅

　　前述的不動產取得稅以及固都稅屬於地方稅，徵收方式也都是寄稅單來給你繳的普通徵收，稅額清楚明白。因為這部分屬於物件本身衍生出來的相關稅賦，如果您是委託管理公司代管，他們會直接幫你拿單子去繳稅。

　　但是你收的租金，是併入所得稅裡綜合課稅的（賣屋時的讓渡所得為分離課稅）。此為國稅。因為所得稅的計算，還包含了你個人的其他收入，如薪資收入等，計算上也需要專業稅理士，因此不屬於管理公司的業務，屋主必須自己去申告，或委由稅理士來申告（有些管理公司會介紹配合的稅理士）。若委請稅理士，屋主還必須額外支付一筆酬勞，約為三萬日圓至十萬日圓不等。

　　所得稅的計算方法，依照課稅所得的不同，有不同稅率的計算。計算課稅所得時，可以扣除必要經費（如固定資產稅、折舊攤提、修繕費用等）以及基礎控除額等。目前日本的稅率表如下：

　　例如，扣除諸費用後的課稅所得金額，若為 700 萬日圓，則計算方式就為：

課稅所得金額	稅率	控除額
10萬日圓～50萬日圓	5%	0日圓
195萬日圓～330萬日圓以下	10%	97,500日圓
1330萬日圓～695萬日圓以下	20%	427,500千日圓
695萬日圓～900萬日圓以下	23%	636,000千日圓
900萬日圓～1,800萬日圓以下	33%	1,536,000萬日圓
1,800萬日圓～4,000萬日圓以下	40%	2,796,000萬日圓
4,000萬日圓以上	45%	4,796,000萬日圓

700 萬日圓 ×23% － 63 萬 6,000 日圓＝ 97 萬 4 千日圓。

6-5

賣屋賺錢，要繳讓渡所得稅

　　台灣許多朋友，來東京投資不動產，大家最關心的，依然是「這裏會不會漲」。很多人除了想賺高投報，又想要賺增值財。但就算你今年買，兩三年以內轉賣，就算漲了個 20%，你也不見得會賺到錢。因為只要賣不動產，你就會被課「讓渡所得稅」（此為國稅）。短期五年內買賣，讓渡所得課 30%（若含住民稅則為 39%）；長期五年以上買賣，課讓渡所得 15%（若含住民稅則為 20%）。也就是説，買了，就最好短期不要賣！不過若是你的房子賠錢賣，是不會被課稅的。來，這一節我們就來看看房子「脫手時」，需要繳納的稅金。另外，台灣朋友如果沒有住在日本，就不須繳納住民稅，因此本節的計算皆不含住民稅。

讓渡所得的計算方式

　　應繳納的讓渡所得稅 ＝ 讓渡所得 × 稅率（短期 30%、長期 15%）

　　一般我們會認為，所謂的讓渡所得，指的就是你「獲利」的部分。你買一間 1 億日圓的房子，賣 1 億 2,000 萬日圓，你

的「讓渡所得」就是 2,000 萬日圓。然後再從 2,000 萬日圓去課 30% 的稅？其實「讓渡所得」並不是這樣算的。

讓渡所得的計算方式如下：

讓渡所得＝賣出價格 -（買進價格＋購買時各項費用＋賣出時各項費用 - 建物「折舊攤提」）

　　也就是說，雖然你的進價為 1 億日圓，但是你賣得時候，因為建物已經折舊了四年，所以折舊部分要從你的進價扣除。另外，買進及賣出時的各項費用，如：仲介費、印紙稅、抵押權塗銷費用等，是可以列入你的成本計算。（PS：如果不知道你的買價，就以你的賣價的 5% 來作為你的買價。換句話說，如果你當不肖子，賣掉 N 百年前的祖傳屋，就會被課稅課到吐血）。

　　來，實際算算看：
如果你 2014 年初買 1 億日圓，2017 年末賣 1 億 2,000 萬日圓，買進賣出各費用合計 150 萬日圓（固定資產稅等不能計入），那麼你被課的稅，計算大致如下：

賣價 1 億 2,000 萬 -（買價 1 億＋買賣費用 150 萬 - 折舊 378 萬）=2,228 萬（國稅局認為你賺的，並非 2,000 萬）
2,228 萬 × 30% 短期讓渡所得稅＝ 668.4 萬（你要繳的稅）

　　因此，雖然你帳面上賺了 2,000 萬日圓，但繳了 668.4 萬日圓的讓渡所得稅、再扣掉買賣費用 150 萬、以及三年多的固都稅（約 100 萬日圓），管理費用（約 150 萬日圓），實際落入你

口袋的可能沒有你想像中的多。

也因為「折舊攤提」部分，是要從你的買進的價格扣除，因此如果你的物件，「建物」部分價格高，那麼會計上計算的折舊也會高。這種情況下，有可能你賣掉的價格，就算比你買進的價格更便宜，但是還是會被課到讓渡所得稅的情況。若以上例，賣價假設為 9,900 萬日圓，實際上賠著賣，但國稅局還是認為你賺了 128 萬日圓。

賣價 9,900 萬 -（買價 1 億 + 買賣費用 150 萬 - 折舊 378 萬）
=128 萬（國稅局會認為你賺了 128 萬，而不是賠了 100 萬）

折舊攤提如何計算

至於折舊攤提的金額 378 萬日圓這個數字怎麼算的呢？由於土地不會折舊，因此要把建物拆出來算，並乘上折舊係數。因此本例這裡暫時以買進時，「土地」部分價值 3,000 萬日圓、「建物」部分價值 7,000 萬日圓計算。持有年數將近四年。

折舊的金額大致上的計算方式為：

買進價格 × 90% × 折舊係數（木造 0.031、RC 造 0.015）
× 持有年數（未滿六個月不算一年，超過六個月算一年）

因此本例建物部分折舊攤提為：
買進價格 7,000 萬 × 90% × 折舊係數（RC 造 0.015）×
4 年 = 378 萬日圓

建物價格高，折舊攤提部分高

就因為建物會折舊，因此如果你的不動產，建物部份佔的比例，價格越高，在你計算讓渡所得稅的時候越不利。例如上例，若你的建物部分不是 7,000 萬日圓，而是 9,000 萬日圓呢？那麼你的折舊攤提就是 486 萬日圓。換句話說，這時國稅局認為你賺的錢就不是 2,228 萬日圓了，而是 2,336 萬日圓了，整整多了 108 萬日圓。當然就得多繳這部分的稅金了。

不過，如果你的目的不是著眼在轉賣，而是穩定收租的話呢？那麼就必須反其道而行，建物價格是越高越好！怎麼說？因為折舊部分可以併入你的個人所得稅以及住民稅，算成虧錢。因此，如果你的薪資以及房屋所得很高，那麼建物價格高的物件，可以達到節稅的功能。也就是說，如果你要賣屋，則建物價格高，對你不利；如果你是穩定收租，則建物價格高，對你則有節稅的效果！因此看你個人的投資策略，稅金對策不可不知。

自住財產讓渡特別控除

那如果你今天賣的房子是自用住宅（也就是你是日本人，或有日本的居留權，居住地登記這裡），且房屋的面積高於 50 ㎡，這樣就可以享有 3,000 萬日圓的特別控除。例如上述例，你的讓渡利益為 2,228 萬日圓，但控除掉 3,000 萬日圓以後，等於不用繳稅。此外，就算你是先買新屋再賣舊屋，只要是三年內，都可以享有此特例。但賣給你的配偶者、直系親屬時不適用此特例。不過此特例三年只能用一次，以防有心人士一直轉賣炒作。

6-6

源泉徵收（預扣所得）是什麼？

　　來投資東京不動產的朋友，許多人都積極詢問稅金問題，這的確是投資時應有的正確態度。而在日本買房的各種稅制中，讓大家最感不解的，我想莫過於「源泉徵收」了吧。

源泉徵收的定義

　　而到底什麼是「源泉徵收」呢？其實就是由你的「租客」，也就是租金來源的「泉源」，先行將你的不動產租金所得，先預扣所得稅以及復興特別所得稅下來，由租客幫你代繳給國稅局的一種制度。其實這就是我們台灣講的「預扣所得稅（withholding tax）」制度。公司的薪資，老闆（付錢的人）給員工（收錢的人）薪水的時候，不都也會先預扣個幾 % 起來。之後再由老闆幫你繳稅嗎。

　　日本的「源泉徵收」也是一樣，由租客（付錢的人）在給房東（收錢的人）租金的時候，先把租金的一部分預扣下來，之後再幫房東繳稅。因此「源泉徵收」的義務，是落在租客身上。會有這種制度，不外乎就是因為日本的國稅沒有辦法對於住在海外的「非居住者」進行查稅以及追稅的動作。

「非居住者」房東才會被源泉徵收

至於什麼是「非居住者」呢？顧名思義，就是「沒有住在日本的人」，這當然包括各位台灣的包租公，甚至連在外國工作的日本人，都算是「非居住者」。不過日本的這個制度很奇妙的地方是，如果「非居住者」，租給的是「個人」，而不是「法人（公司）」，則這個「個人」就沒有義務要先行跟你收取源泉徵收。

來，整理一下：如果你是日本「居住者」，則房子不管租給「個人」還是「法人（公司）」，都不會被源泉徵收，都可以拿到 100% 的租金。但如果你是「非居住者」，而你的房子租給了「法人（公司）」，則這間承租的公司就得在付你房租的時候，就得先行預扣 20.42% 的源泉徵收，剩下的 79.58%，才會匯進你的戶頭。如果你是「非居住者」，你租給「個人」當住家用，則你的租客也不需要先預扣稅金，你也是可以拿到 100% 的租金。

當然，就算你租給法人，先預扣了 20.42%，但這也只是預扣的，如果你事後列舉出費用，又或者你在日本的總所得不高，還是可以去申請退稅的。當然，如果你到最後沒有去申請退稅，這筆錢就當作是送給日本政府花囉。

源泉徵收，讓你買的辦公室租不掉？

也就是因為這麼麻煩，如果一間日本的公司要來跟你租商辦，聽到還要幫你先源泉徵收，有時候就會嫌麻煩就不爽向你

租了，因此外國人在日本持有商辦，有時候反而 不見得好出租。站在我們外國人的房東的立場也是，出租給法人，還得先被扣 20.42% 的源泉徵收，到時候還得請稅理士去辦退稅，無疑是多了一道程序跟費用，也就是因為這樣，所以我一般不建議個人小資族買辦公室來租人，可以的話，就買一般住宅產品來出租就好。

非居住者，售屋時也會被源泉徵收

　　來，不只不好租，只要你是「非居住者」，就連你售屋的時候，（在一定的條件之下）跟你買的買方也要先從房價的成交總價，先幫你扣除 10.21% 的源泉徵收來幫你繳稅，剩下的 89.79% 才會是給你的價金。跟出租的時候有點不太一樣，售屋時，可不是賣給公司才會被源泉徵收喔。就曾經有個日本個人向非居住者的外國人買了房子後，忘記先源泉徵收，結果這日本人還賠了稅款跟罰金。所以搞不好將來你要出售時，要向你買房子的日本人，一聽說這房子是外國人的，就覺得還要去幫你源泉徵收繳稅很麻煩，就不想買了也不一定。不過幸好，如果你賣的房子是一億日圓以下，且是居住用的房子，你的買方就不需要先行源泉徵收。更詳細的規定，請自行參考日本國稅廳的網頁說明。

日本人向非居住者租房的稅金規定：

https://www.nta.go.jp/taxanswer/gensen/2880.htm

日本人向非居住者買房的稅金規定：

https://www.nta.go.jp/taxanswer/gensen/2879.htm

6-7

關於消費稅

　　2014 年 4 月份開始，日本人買東西變貴了，因為消費稅從以往的 5%，提升至 8%，2019 年 10 月，更預計一舉拉高到 10%。尤其是買房子，因為買屋時，連帶會有許多周邊消費，如：仲介費、裝潢費用、買傢俱，這些都要課消費稅。那是否意味著，買房子也會變貴呢？其實 2014 年初時，有許多房市專家，拿出 1997 年，消費稅由 3% 增稅至 5% 時，增稅後房價不漲反跌的數據，來呼籲大家理智，戒急用忍，別搶進。

2014 年增稅，房價不跌反漲！

　　1997 年的增稅，由於增稅前大家搶進購屋，因此反而導致增稅後買氣薄弱，房價不漲反跌。也因此 2014 年初時，這些專家也大膽預測，增稅後房價可能會下跌。不過時空背景畢竟不同，這次增稅後，房市的熱況持續。下跌？門都沒有！其原因不外乎就是大家都知道的：

　　一、奧運決定，看好增值潛力。
　　二、脫離通縮有望，買屋抗通膨保值。
　　三、日本年金岌岌可危，上班族買屋當包租公。

四、日圓貶值，外國投資客狂掃貨。

五、日圓貶值帶動進口建材原物料上漲，新成屋漲定了，
　　連帶拉抬中古屋行情。

六、大型建築商，建築工人都去蓋奧運場館，因此新屋供
　　給量變少。

但是 2019 年，又有一次的增稅，由現行的 8% 調漲至
10%，這時由於房價已高，因此不知道下次的增稅後，房市會
呈現怎樣的狀況。

購屋時消費稅的計算

我們先來看看，購屋時，消費稅怎麼計算。假設你買一
間 5,000 萬日圓的房屋，消費稅的金額可不是 5,000 萬日圓 ×
8%=400 萬日圓喔。

房屋的構成，分成「土地」與「建物」兩個部分。因此你
的合約多半會載明各為多少錢。例如，總價 5,000 萬日圓的物
件裡面，可能土地為部分為 3,000 萬日圓，而建物部分為 2,000
萬日圓。因為「土地」並不是消費品，不會「消費」掉，因此
土地不課「消費稅」。只有建物部分的 2,000 萬日圓會課稅。

因此按照上例，如果現在你跟建商買，你的房價就是「建
物（2000 萬 ×1.08）」+「土地（3000 萬）」 = 5,160 萬日
圓。但如果你是 2019 年 10 月後買呢，則房價就是（2000 萬
×1.10）+（3000 萬） = 5200 萬日圓。兩者相差 40 萬日圓。

個人售屋非課稅

　　但如果你不是向建商買，而是透過仲介向個人買呢？因為個人賣家非課稅，因此建物部分也不會發生消費稅，無論是現行 8% 時購買，還是漲到 10% 後購買，都是 5,000 萬日圓。

　　不過就仲介費部分仍然要課消費稅，計算方式如下。
增稅前：（5,000 萬 ×3%+6 萬）×1.08= 168.48 萬日圓
增稅後：（5,000 萬 ×3%+6 萬）×1.10= 171.6 萬日圓

　　相較於「建物」動不動就三、四十萬日圓的差價，仲介費部分的差價，很像增稅前後、差別也就沒這麼大了。

6-8

50 ㎡ 的門檻，稅制上的陷阱！

　　介於「投資小套房 1R/1K」產品，與「家庭住宅房 2LDK/3LDK」中間，有一種「30 ㎡～ 50 ㎡的 1LDK」產品，在投資上需要留意。這種產品，如果是出租的話，要看區域以及租客的客層預算，不見得好租，投報率也無法像小套房這麼高。而要當作自住屋，又嫌太小，因此也鮮少人會買這種房型來自住，所以在投資上，算是較尷尬的產品。但其實不光是這個原因，在日本的稅制上，其實很多優惠政策，必須要高過於 50 ㎡ 才有辦法享受的。

不動產取得稅的特例

　　還記得我們 6-2 節提到的課稅標準特例嗎？如果你購買的是 50 ㎡～ 240 ㎡的全新住宅房，或者相同大小，供自己居住使用的中古屋，則「建物」部分的「課稅標準」還可再享有最高 1,200 萬~1,300 萬日圓的控除。依照我們 6-2 節提到的第一個例子，原本需要繳納高達 54.2 萬日圓的取得稅，但如果是符合此條件的自用宅，稅金立即減免至 13,500 日圓，相差了 40 倍。但如果這個物件，你的「內法」面積（詳見 4-5 節）沒有超過 50 ㎡，那麼很抱歉，你的稅金必須多繳 40 倍了。

其他稅制上的特例

另外，每年都要繳的「固定資產稅」也是。如果你今天是購買全新的住宅，也是必須要超過 50 ㎡，才可享有前 3 年～ 5 年的稅金減半優惠。

買屋，除了上述兩種稅金之外，你要做房屋的產權登記時，需要繳納的「登錄免許稅」亦然。基本上，稅率也是 2%，但如果你買的房屋面積有 50 ㎡以上，就可享有 0.3% 的優惠稅率。

就連你換屋時，「讓渡所得稅」的特例，也是要你的住宅面積達 50 ㎡，才有機會享受「自住財產讓渡特別控除」（詳見 6-5）。

住宅貸款控除

此外，貸款購買自用屋，還可享有所謂的「住宅貸款控除（住宅ローン控除）」。舉個例子：如果你在日本工作，有居留權，且購得的房屋屬於自住用途，那麼，你的所得稅以及住民稅稅額，可以控除每年年末的貸款餘額的 1%。

假設你的年收為 600 萬日圓，應繳所得稅為 17 萬 2,800 日圓，而當年年末的貸款餘額若還有 3,000 萬日圓的話，那麼，你的所得稅就可以控除貸款餘額的 1%，也就是 30 萬日圓。因此如果你是購買自住屋，又有貸款的話，別忘了有這個控除額可以使用喔。當然，你頂多就是用繳那 17 萬 2,800 日圓的稅金而已，因此控除額也是這 17 萬 2,800 日圓，不可能再多退你剩

下的 12 萬 7,200 日圓的。

　　這種購屋貸款的減稅方案，也是要 50 ㎡以上的房屋才有的優惠。同時，必須於不動產取得後 6 個月以內自己居住，以及房貸期間為 10 年以上，並且你的年收為 3,000 萬日圓以下才適用。

　　基於以上「不動產取得稅」、「固定資產稅」、「登錄免許稅」、「讓渡所得稅」，以及「住宅ローン控除」等稅制五大點，當你要售屋時，要跟你接手的下一個日本人，一定會考慮到上述稅制的種種。也許 40 幾㎡（約 12 坪），跟 50 幾㎡（約 15 坪）的房價差不了多少，但是兩者光是這些購屋的稅制上優惠，可能會差距幾十萬、甚至上百萬日圓，因此購屋時不可不留意。而且注意喔，這裡的面積，看的是登記簿上的「內法面積」，而不是廣告售屋時的「壁芯面積」喔。祝購屋愉快。

6-9

大老闆的「社宅節稅術」！

　　日本許多大老闆，公司賺了很多錢。也有很多藝人，通告收入及周邊事業所得都賺飽飽。不過他們都有一個共同點，就是不買房，但都在六本木等高級地段，租每個月五、六十萬，甚至上百萬日圓的房子！天阿，好浪費啊。為什麼不買。要租呢？他們買不起房嗎？怎麼可能！其實是因為日本之前的「通縮背景」以及「稅制背景」所致。

好宅，建商不出售！

　　日本的建商其實很聰明，他們深知精華地段的不動產，其價值在於「持有」，而不是「分售」。因此在這些很精華的地段，若建商取得漂亮的建築用地，他們知道這裡可以蓋高級住宅。而且他們深知，像這種金雞母可以收租很穩定，與其在之前的通縮時代，賣掉價錢也好不到哪裡去，他們倒不如自己留起來運用。而且如果不將其分售出去，則整棟大樓產權集中，管理方便，將來反而可以賺更多。因此像這種好貨，就算你想買，都還不見得買得到。就像著名的「六本木ヒルズ・レジデンス」（六本木之丘旁的那兩棟住宅房），就都只租不賣（除了有幾戶地主戶拿出來賣過）。

通縮時代，租比買划算。

大老闆不買房的第二個原因，可以歸咎於之前的通縮時代房價逐年下跌。而且像是這樣的高級住宅，每個月要繳交的修繕管理費，跟每年的固定資產稅，兩者加起來每年也不下數百萬日圓，因此考慮到房價下跌因素，加加減減後，不見得買還會比租划算。

而這些大老闆們，租房有更高招的。因為他們會善用自己的公司法人來節稅。他們租屋時，不會用自己的名義去租房，會用公司的名義租下來後，再以「社宅」的名義便宜轉租給自己。這樣做，並不是為了要從公司那裡 A 一些好處，公司是他的，老闆大也可以每個月增加自己的薪水增加 50 萬日圓，再用自己的名義來租房就好。不過，這樣以個人名義的租法來租，稅率上會差很多。

所得稅與住民稅超高

日本的高收入族群，如果你的年收入超過 1,800 萬日圓，則所得稅跟住民稅合計會高達 50%，也就是你的薪水，一大半都會被政府拿走。假設這個社長想要租個月租金 50 萬日圓的房，如果只是增加自己 50 萬的薪水是不夠的，每個月至少要增加 100 萬日圓，被扣稅後，才會多 50 萬來租房。換句話說，也就是社長若以個人名義去租房，則稅金就要多負擔 50 萬日圓。
但是如果我們今天用公司的名義來租房，再轉租（法律規定不能免費提供）給社長呢？可能可以節稅超過九成。

社宅節稅術

日本的國稅廳有明文訂定關於「役員社宅」的法規。所謂的「役員」，指的就是公司的「董事」。如果董事是租「小規模住宅」，也就是 99 ㎡（約 29.94 坪）以內的房，則社長向公司轉租來的房子，則可以用很便宜的價位租進來。可以多便宜呢？計算方式就是將下列 (1)~(3) 加總起來，就是社長的轉租價：

(1) 建物部分的「固定資產稅的課稅標準額」× 0.2%
(2) 土地部分的「固定資產稅的課稅標準額」× 0.22%
(3)12 日圓 ×（室內總坪數，以坪計算）

計算一下，假設剛剛提到的月租 50 萬日圓的房屋，其固定資產稅課稅標準額（參考 6-3 節）土地部分為 1,500 萬日圓、建物為 1,300 萬日圓，此為 25 坪房，則可得到社長轉租價為：

(1)1500 萬 ×0.22%=3 萬 3,000 日圓
(2)1300 萬 ×0.2%=2 萬 6,000 日圓
(3)12×25 坪 =300 日圓
(1)+(2)+(3)=5 萬 9,300 日圓

也就是，老闆可以向自己的公司，以每個月 59,300 的超低價轉租這間市價租金 50 萬的房。因此老闆只要把自己的薪水多做 12 萬，拿其中的六萬出來繳稅就可以了， 而公司付給房東的房租 44 萬左右的差額，在會計上，都可以算在公司的費用，不用繳稅。比起原本每個月要多繳 50 萬的稅，一下降到 6 萬有

找，節稅幅度高達近 90%。也難怪老闆精打細算後，寧願租房也不買房。

若是老闆奢侈，想租超過 99 ㎡（約 29.94 坪）的「非小規模住宅」呢？稅制上就沒這麼好康了。這時公司轉租給老闆的房租，計算方式就變成 (1) 房屋及土地的「固定資產稅的課稅評價額」×12%，或者是 (2) 公司向房東租的租金的一半，兩者取其高者，就是轉租給社長的價錢。不過這樣還是可以節稅 50% 以上。

或許就是因為過去有這樣的背景，因此日本的高級住宅出租情況不至於太差。但這一兩年房價在漲，不知道會不會有一天，精明的大老闆們棄租轉買，因為房價在漲的年代，一定是買比租划算，因為還可以賺差價！

6-10

都心超高層，節稅好幫手

　　都心精華區的超高層塔式住宅（Tower Mansion），除了有保值（抗通膨）的功能外，還可以收益，甚至還可以節稅！除了「贈與稅」、「遺產稅」來的比現金贈與便宜以外，其每年要繳的「固定資產稅」也比同價位的整棟大樓來得便宜喔。

台灣錢，藏國外！

　　大家都知道，這幾年台北房地產的漲幅，有點到了誇張的地步。漲幅驚人的原因，除了全民一起炒房以外，其中一項很大的原因，莫過於調降遺贈稅，誘使很多有錢的台灣人，把藏在國外的錢拿回來投資房地產，也就是所謂的「資金行情」。

　　好啦，話説為什麼這些有錢人當初要把錢藏在國外呢？因為之前台灣的「遺贈稅」很高。老子辛苦賺的錢，死掉之後，要被課 40%，剩下的才給兒子。也就是爸媽胼手胝足賺了一輩子，賺到 1 億新台幣，結果老爸死了之後，留給獨子的只剩 6,000 萬新台幣，剩下的 4,000 萬新台幣送給我們偉大的政府。如果你是有錢人，你願意繳 4,000 萬新台幣給政府花嗎？當然，有錢人會把錢藏在國外。更何況海外開戶不難。上至大老闆，下

至中小企業主，只要稍微有點摳摳的人，大概十之八九都會有海外帳戶。

把錢藏國外，除了上述規避遺贈稅的好處以外，國外的銀行，存款給你的利息，你中華民國政府，是一毛也課不到啊。

台灣調降遺贈稅，促使房市急漲。

來了，我們英明的政府為了吸引在海外的資金回流，於 2009 年，將遺贈稅調降到 10%，此舉的確將海外資金吸引回台 ... 不過，「錢」是衝向房市。為什麼衝向房市，而不是放在定存或做其他投資呢？原因很簡單，除了投資不是穩賺不賠以外，你覺得有錢人會因為原本要繳 4,000 萬新台幣的稅金，結果現在減稅到 1,000 萬新台幣，就乖乖繳 1,000 萬新台幣嗎？這當然是癡人說夢話！我送兒子 1 億元新台幣現金，就要被政府課稅 1,000 萬新台幣，但是，我要是送兒子 1 億元新台幣的豪宅呢？這時被課的稅就少之又少。帝寶的新聞相信大家都在電視上看過，市價 5 億元新台幣的豪宅，評定現值只有 7,000 多萬新台幣，就是此例。大家都知道，台北的房屋公告評定現值，跟市價差太多，課稅的稅基是使用評定現值，因此送房子，根本繳不了多少稅，因此房地產，成了贈與節稅的好工具。再加上大家預期心裡台北房價會漲，更是讓資金一波波衝入房地產。

日本調漲遺產稅，促使超高層塔式住宅急漲。

鏡頭拉回日本。日本的情況稍微跟台灣不同。依 2014 年以

前日本的稅制，如果法定繼承人為兩個兒子加一個老母，則遺產稅的基本控除額就高達 8,000 萬日圓（正確算法是基本控除額 5,000 萬日圓＋（1,000 萬 × 法定繼承人數））也就是你的遺產，要是少於 8,000 萬日圓，是不用繳稅的（詳見 2-3）。因此一般老百姓根本不用太關心關於遺產稅的事。但由於日本政府強化對富人的增稅，因此，上述的兩兒一老母的家庭，基礎控除額將會調降為 4,800 萬日圓，因此你的遺產，就很有機會被課到遺產稅。

日本的房屋評定現值，並不像台灣的評定現值，偏離市場行情這麼嚴重，唯有一種產品例外，就是我們曾經在 5-5 節介紹過四，五十層的超高層塔式住宅大樓。既然是大樓，當然土地是採用持分的方式擁有，因此幾百、幾千戶的超高層大樓，你擁有的土地持分少得可憐，一棟上億日圓的物件，大概評定現值大概只有 2,000 萬～ 3,000 千萬日圓左右（依各地方地價而異）。也因此，日本鄉下地方的地主，有些人會選擇將土地賣掉，轉而買進都心的超高層。也就是上述跟台灣的手法一樣，利用讓稅基下降的方式來贈與，進而達到節稅的目的。除此以外，東京都心超高層的投報率大概也都有 4%~5%，比起鄉下的土地，收益性更佳。節稅，加上又有高租金可收，且也因為保值性佳，也難怪最近景氣轉好後，超高層的物件賣得嚇嚇叫！

比較「一棟商業大樓」與「超高層塔式住宅」的稅金

台灣朋友，總覺得買房子，最好是買有完整土地的產品。但如果你是買獨立產權的一整棟，光是取得時的稅金，以及每

年的固定資產稅，就會繳到讓你吐血。這裡有兩個實際的案例，成交價一樣，都是 9,000 萬日圓，但兩者的稅金卻差很大！「Ａ案：為超高層大樓，土地持份少」，「Ｂ案：為三層樓的一整棟建物，土地持份大」。下面列出兩者在不動產過戶時的「登錄免許稅」，以及取得不動產的「不動產取得稅」，以及每年要繳的「固定資產稅＋都市稅」各是多少。

【Ａ案超高層】
登錄免許稅等：約 41.8 萬日圓
不動產取得稅：約 38 萬日圓
　　　　　　（土地：8,400 日圓　建物：373,500 日圓）
每年固都稅：約 21 萬日圓

【Ｂ案一整棟】
登錄免許稅等：約 116.4 萬日圓
不動產取得稅：約 153.7 萬日圓
　　　　　　（土地：791,200 日圓　建物：745,900 日圓）
每年固都稅：約 78.3 萬日圓

　　如上例，光是取得時的稅金，就相差將近 190 萬日圓之多，每年要繳的固定資產稅，也相差 57 萬之多。並請注意一下Ａ案與Ｂ案，光是土地部分的稅金，就相差 94 倍！更何況超高層的產品特殊，無敵景觀，加上豐富的公共設施，你 ... 比較想要住在哪裡呢？

　　不過購買超高層大樓也有一個風險。你買的房子，如果樓層過低，或者視野不佳，或者不懂行情買貴了，或產品本身所

在的地區（如灣岸、西新宿）量太大，本身沒什麼特殊性，到時候除了難租出去外，轉賣也很難賣，因為到時會有一堆人跟你削價競爭。而如果無法順利租出去，別忘了，每個月三、四萬日圓的管理費用、修繕費用就這樣一直往外流。祝各位節稅順利！

破解篇

短租民泊、Share House 賺很大？房價漲，你就一定賺得到？

筆者為你破解，怎樣的格局才是好屋？日本的業者如何賺錢！

7-1

格局圖，用語大解密

　　日本購屋時，無論是「建て売り住宅」（由工務店蓋好來販售的獨棟住宅）還是「マンション」（大樓產品），多半都是連同隔間裝潢，加上廚房衛浴設備，一起交屋給消費者的。也就是交屋時，你一卡皮箱就可以入住了。因此日本人購屋時，對於格局以及附屬設備會特別留意。這一篇，就讓我們來看看，購屋時會遇到什麼跟我們台灣不同的用語吧。

格局用語

　　我們台灣講到房子的格局，都説是「一房一廳」「兩房一廳」「三房兩廳兩衛」… 等等。日本則是 1R、1K、1DK、1LDK、2DK、2LDK、3LDK… 等。由左到右，越來越大。這些英文，分別為 R=Room（房間），K=Kitchen（廚房），D=Dining Room（餐廳），L=Living Room（客廳）。而前面的數字則是代表有幾間房間。

　　一般來講 1R 的房型最小，可能就是只有 10~20 ㎡，（約 3~6 坪）就像學生出租套房而已，裡面可能會有衛浴設備以及廚房，但是室內就沒有任何隔間了。而有別於上述的 1R（廚房在房間

裡面，同一個空間），1K 則是廚房跟廁所等都做在房間外面，有門隔開，1DK，則是廚房部分的空間更大一點，可以放個餐桌。因此 1K、1DK 大概就 20~30 ㎡（約 6~9 坪）的小套房。

而 1LDK 的產品，其實很適合兩人小家庭，大小大概就 40 ㎡（約 12 坪）的一房一廳。2LDK 大概就 50~70 ㎡（約 15~21 坪）的兩房一廳，3LDK 大概就 70~80 ㎡（約 21~24 坪）的三房產品。以此類推。當然，大小只是粗略的分類，也有人 100 ㎡（約 30 坪）規劃成 2LDK 的，人家有錢想要大房間，總可以吧。

衛浴設備

日本的房子，基本上 1LDK 以上大的房子，廁所跟浴室一定分開成兩間，因為他們覺得這是兩種不同的空間。甚至最近連 1K 小套房，都會隔成兩間。這跟我們的「乾濕分離」概念可不太一樣喔。台灣的「乾濕分離」，基本上還是在同一個空間，但日本，是直接把浴室跟廁所做成不同的兩間，而且這兩間不見得會在旁邊，有時候還離得有點遠。基本上，把浴室跟廁所做在同一間的房屋，屋齡大概都有一些年代了。

另外，日本的浴室，多半為系統式浴室 Unit Bath，因此都有一定的規格。例如格局圖上會標示浴室的大小為 1116、1216、1317、1418、1620、1822…等。前兩個數字就是代表浴室的「寬」，後兩個數字就是代表浴室的「長」。也就是說 1418 的衛浴，室內面積就是 140 公分 ✕ 180 公分。一般建議如果是兩房以上的家庭是產品，最好衛浴有達到 1418 size 的，會

比較舒服。當然，現在比較新的 1K 套房，浴室也會給你 1116 的 size。也因為日本的衛浴都是有個標準大小的，因此建商往往在設計室內格局時，就會依這種標準規格來設計，因此如果你對於自己衛浴的大小不甚滿意，可能事後也沒有辦法花錢請人家來改格局。一來可能會碰到梁或柱，二來你只能針對上述的尺寸選購時，即使你犧牲掉別的房間的空間，也會形成許多無法利用到的空間。建議購買時，就針對尺寸多加考量。

此外，日本人購買新屋時，會特別在乎你的浴室是否有「追い炊き（おいだき）」的機能。日本人對於生活很講究，也很喜歡泡澡。因此日本的這種 Unit Bath，浴缸放水時，並不是像我們是從水龍頭去調整冷熱水，而是藉由牆壁上的儀表板，事先設定好溫度以及水量，之後只要按鈕一按，電腦就會幫你放好洗澡水。並且在水量足夠時自動停止，不需要去留意是否水會放過頭。同時，在洗澡水放好以後，還會出聲提醒，實在很方便。而所謂的「追い炊き」機能，則是可以幫你自動加熱浴缸的水，讓你浴缸的水保持在喜歡的溫度而不冷卻，因此常常看日劇，有些女性朋友，泡澡一泡就是一小時。水，難道不會冷掉嗎？對的，就是不會！因為它會一直自動循環加熱。

科技日新月異，除了「追い炊き」機能以外，現在這種 Unit Bath，有些還直接做成「ミストサウナ（mist sauna）」的，也就是蒸氣室的功能，讓你在家也能享受三溫暖。有許多年輕女性，在租屋時，都會特別留意是否有這些設備。如果沒有這個設備，甚至不會想要租，因此各位朋友購買時，一定要確認浴室的機能喔。

客廳、臥室的空間表示「帖」

購屋時，房仲或建商給你的格局圖上，會標明整間房子的平方公尺（㎡）大小，若要換算為我們台灣人習慣使用的坪，只需乘上 0.3025 即可。而因為日本銷售房屋時，是以室內實際使用坪數為主，因此陽台，露台，雨遮，甚至公設，都不能灌入你的權狀賣錢給你。因此就算以平方公尺標示，對於我們購屋者，還是可以一目了然，來判斷實際的大小。

但是日本的格局圖，在標示各個房間的大小時，習慣以「帖」，或者用英文縮寫「J」這個單位來表示，意思就是這個空間有幾塊榻榻米大小的意思。1 帖等於 1.62 ㎡，因此如果你看到格局圖上，寫「LD16.3」，就是指你的客廳是「連同餐廳併成一個空間」，並且大小為 16.3 帖，也就是 26.4 ㎡（約 8 坪）左右。如果寫「寢室 5 帖」，則是代表的的臥室空間有 8.1 ㎡（約 2.45 坪）。

Premium Floor 高檔房型

我們台灣購屋時，建商多以毛胚或簡易裝潢交屋，但日本購屋時，裝潢以及隔間跟衛浴、廚房、衣櫥、收納櫃，甚至空調設備，就已經含在你的售價裡面了，因此日本人無論買新成屋，還是買中古屋，都會對於室內格局以及設備特別留意。當然，一棟大樓的越高樓層，其價值本來就比較高，因此日本人蓋大樓時，多半會將最頂樓的幾個樓層，室內設備都會用成更高級的大理石石材、高檔廚具等，以提高附加價值。而且往往

不只是你的室內設備比中低樓層高檔，甚至連天花板高度都比其他樓層的房間高，就連外面的共用走道，都使用比中低樓層更有質感的地毯以及裝潢。也因此，頂樓的豪華房型，售價會比下面樓層貴個一到三成。至於是否有必要多花兩、三成的購屋價金，來取得較好的內裝設備？這就看購屋者本身的衡量了。

看懂格局圖的英文縮寫

另外，格局圖常會看見的標示，還有下面這些標示：

WIC	Walk in Closet 就是可以走進去的衣櫃，更衣室。女生很喜歡這種的。
SIC	Shoes in Closet 就是可以走進去的鞋櫃。也是女生很愛的。
PS	Pipe Space 也就是排水管，以及污水管，瓦斯管道。
MB	Meter Box 就是水表，電錶收納的空間。
TR	Trunk Room 就是置物間的意思。
S	Service Room 也就是採光不合建築基準法的房間，故不可標示為「洋室」
N	Nando, 納戶（なんど）收納小空間。也就是做規劃時剩下的畸零空間，一般就拿來當儲藏室。

另外，如果窗戶的地方，寫著「FIX」，表示這窗戶是固定著的，開不了，僅有採光的功能。

其他台灣不常見的室內設備

「シーリングライト（Ceiling Light）」

　　大家去日本逛電器行時，應該有看過日本的照明設備。日本較新式的房屋，天花板的燈，跟我們台灣不一樣。只需要去電器行買來自己裝上去就可以了。不用額外再請水電工來幫你裝。而這種 Ceiling Light 種類繁多，而且還可以調色，讓你可以依照心情來轉成燈泡色，或者畫光色。甚至有些還有藍色，粉紅色的。當然，只要一把遙控器，就可以隨時遙控變色，以及調節明亮度。甚至有些還內建藍芽喇叭，讓你可以用天花板的燈，來聽 iPhone 中的音樂。因此購屋時，可以詢問一下自己的天花板是否可以裝此種燈（基本上較新的房屋都是這種的）。

「ディスポーザー（Disposer）」

　　日本垃圾分類做得很徹底。其中，有些設備較好的大樓，會直接在廚房流理臺裝設這種生鮮垃圾的處理器。只要將吃剩的飯菜，直接丟進流理臺，按下開關。機器就會自動將你的廚餘粉碎，流入下水道。但一般小套房以及 1LDK，就較少有這種設備。

「床暖房（ゆかだんぼう）」

　　日本冬天很冷，因此他們會在地板下埋好地熱暖氣。也就是只要按個扭，就會讓你地板暖呼呼，不再手腳冰冷。有些是使用瓦斯，有些是使用電力。也是有些人選購房屋，或租屋時，會要求有此設備，因此購屋時可以確認一下。

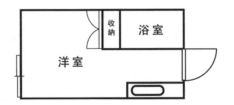

1R

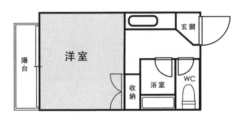

1K

3LDK

7-2

格局圖，樣式大解密

常看日本房子的朋友應該有發現，日本的房子，格局大概就是那幾種。如果是小套房的產品，最常看到的就是下圖「羊羹の輪切り」這種格局，翻成國語就是「切羊羹式」的格局。

切羊羹規劃

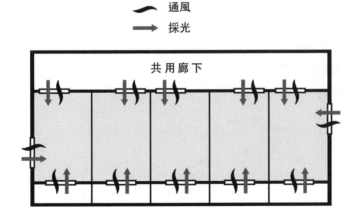

會有這樣的格局，是跟「日本人喜歡朝南的房屋」，以及「容積率計算」兩點有關。在日本，無論是出租房還是出售房，建商都會盡量把陽台部分開在朝南，因此很多建案，如果基地的形狀允許，多半都會變成這樣全部朝南，或者大部分朝南的房間，而沒有朝北的房間，因為這樣比較好租好賣。

除此之外，像是上圖這樣，公共走道做在室外（外廊下），則通風良好，而且可以節省電費。如果是像台灣這樣將走道做在室內（內廊下），走道除了需要 24 小時開燈以外，也得設置空調、換氣設備。建造成本高出許多。因此在日本，多半是高檔一點的產品才會將走道做在室內。

田字型格局

而這種切羊羹的規劃設計細，裡面的格局大部分就只能做成所謂的「田の字型住戶」，也就是很像「田」字一樣的格局（如圖）。小套房也就罷了，但如果是 2LDK~3LDK 的家居型產品，還做成切羊羹，田字型的，就代表著這個建商只想著如何把容積率盡量發揮到極致，能賣多一點室內空間，就多賣一點室內空間。

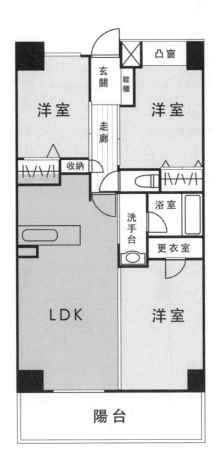

　　而很不幸的，這種田字型的格局，是日本最常見的格局。
這種格局哪裡爛，應該各位看圖就知道。對的，有兩間房間的
窗戶是開在走道，這不就意味著，如果你開著窗，經過你家門
口走道的鄰居，都會看到你了呢？很沒隱私。所以這種格局是
最差的，住起來也不會舒服。

Center In 格局

　　至於要怎樣的格局，住起來才會舒服呢？好的建商，不會斤斤計較容積率，會寧願犧牲一點容積率，來換取較好的格局。像是這種俗稱「Center In」的格局，也就是「入口在房間中央，房間客廳在左右兩側」的，就算是不錯的建商。雖然這樣的房間仍然是細長型，但是有沒有發現，每個房間都有對外窗，而且都不會像上面那種田字型的窗戶會對到走道。這種格局隱私感就好多了。

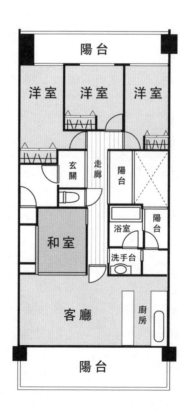

兩、三戶就一台電梯

　　細長型的格局，如果要做成這種「Center In」的，就沒有辦法規劃長長的共用走道。因此多半只能像下圖這樣，在兩～三戶的中間做一部電梯。這樣的建商至少有良心一點，因為電梯要算容積率，而且電梯一台也不少錢，但至少建商規劃時有想到住在裡面的人。5-7 節所提及的「頂級住宅」，至少都會做到 Center In，或是更高級的方式，絕對不會做成難用的田字型。

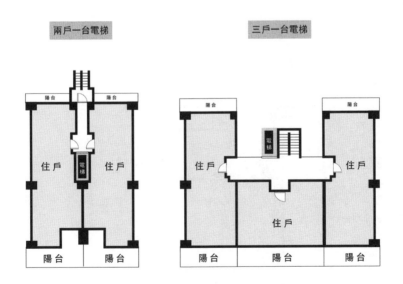

Wide Span

　　還有一種，是近幾年很流行的，叫做「Wide Span」。Span 指的就是住戶的寬，顧名思義，Wide Span 指的就是「對外橫幅很寬」的房型。有別於田字型以及 Center In 那種，對外橫幅都小小的，這種 Wide Span 對外窗多，甚至有些可以把所有的房間都做在陽台那一面。採光好，通風佳，甚至有些規劃得好的，都不用在共用走道那裡開窗了，因此像是這樣 Wide Span 的房型，多半都會有較大的陽台。超高層塔式住宅，由於建築物是正方型的，不像切羊羹那種長條形的，東南西北每個面向都會有住戶。因此超高層塔式住宅就有很多都是規劃成這種 Wide Span 的。

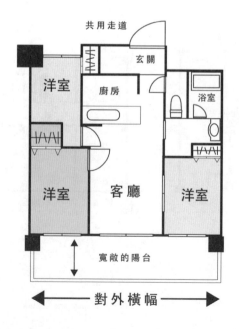

　　當然，如果這個建商有良心一點，甚至連共用走道都是給你做成室內（內廊下）的，質感跟方便度就又更加了。不過還是有些建商的超高層，雖然也是正方型的，但共用走道還是做在室外（外廊下），這感覺上就又差多了。

　　房子，是用來住的，好的格局住起來才會舒服。只可惜日本許多建商還是利字當前，而且越大間的建商，越是計較利益，蓋的房子越不好住，使得田字型與切羊羹成為主流……。

7-3

大建商的房子，真的比較好？

　　品牌的建立，在現代任何物品的銷售上都是很重要的一環。台灣的建商，也積極建立品牌形象，如興富發的一號院系列，遠雄二代宅系列等等。日本的建商，蓋的房子就跟車子一樣，都會有個品牌系列的名稱。如住友的 City 系列，三井的 Park 系列，三菱地所的 The Park house，野村的 Proud 等，不勝枚舉。每個品牌都有自己講究的地方跟拘泥。因此，在消費者心中，就建立了買大品牌，等於好貨，等於安心保證的形象。

小建商的房子比較遜色？

　　是這樣講沒錯啦，而且跟上市建商買房子，實在是沒什麼好擔心的，不過其實日本的建築法令很嚴格，你跟大建商買的，以及小建商買的房子，就算是小建商蓋的房子，結構、品質也不會就較為遜色。因為一旦蓋的房子沒有符合日本最新的建築基準法，根本政府不會發「建築確認」（建照）以及「検査済み証」（使用執照）給你。另外，又根據 2009 年最新制定的住宅瑕疵擔保履行法，所有的新建案，建商都必須強制加入住宅瑕疵擔保責任險，因此就算建商倒閉，無論是大建商還是小建商，只要建物有瑕疵，都還是可以獲得一定的保障。因此，如

果地點喜歡，房屋格局符合自己的需求，或許是否為大品牌，不需要看得太重。

大建商的房子比較貴？

根據調查，大建商的產品，平均價格高出了一般中小建商的產品 25% 之多。大建商為了打品牌形象，花大錢行銷，砸錢請藝人代言，才會導致價格較貴。另外，也有人認為，大建商就是因為錢夠多，事業都做很大，例如蓋超高層大樓，玩大規模造鎮等，因為這些東西造價本來就比較昂貴，也比較有資產價值，因此才會有「價格高了 25%」這樣的調查結果出來。不過，如果你拿相同地點，而且一樣都是中小規模的建案，大建商的販售價格，實際上仍然高了中小型建商，約 10% 左右。但我們也不能一言以蔽之，說大建商的產品貴了那 10% 就是不合理，也許住宅性能上沒什麼差別，但，如果有富麗堂皇的大廳，大理石材的地板，高質感設計的外觀，以及有如飯店廊下的共用空間，只是多 10%，你會選哪個案子購買呢？那就見仁見智了。不過的確，有品牌的房子，將來二手市場，脫手上會較為容易是事實。且保值程度也不同。

大建商售後服務到位

日本人喜歡大建商的品牌，還有一個原因。就是售後服務做得很好。房屋交屋後，建商不是就跟你說掰掰了，他們在你交屋後三個月、半年、一年、兩年……每隔一段時間就寫信來

問你説：「房屋設備有沒有問題啊，需不需要派人檢修」。如果有的話，你告訴建商，他們會立刻安排人員來檢查跟修理。像我在入住現在房屋第二年的時後，突然發現我房間內的對外通風管會發出吱吱聲，可能是接管金屬部分鬆掉了。打電話給建商後，而建商也立刻幫我把天花板部分拆開了，修好了，壁紙重貼，回復原狀，完全不花一毛錢，也不推拖。許多日本人就是喜歡大建商的這種安心感。

品牌也有分等級

而其實，每個大建商，自己不見得只擁有一個品牌，可能他們所興建的案子，也會依等級分成好幾個不同的品牌。相同的建商，也會有頂級住宅等級的案子，也會有一般住宅等級的案子，甚至也有郊區廉價宅的案子以及投資型小套房的案子。

例如三菱地所的高級住宅品牌，就是「The Parkhouse」，再更上去一級，頂級住宅品牌的就命名為「The Parkhouse Gran」。至於其木造透天的品牌，就叫「The Parkhouse STAGE」。

而野村不動產的高級品牌，系列名稱以「Proud」為名，如果是塔式超高層，就命名為「Proud Tower」，大規模的案子，就叫「Proud City」，至於木造透天，就叫做「Proud Season」。而雖然同樣是野村興建的房屋，低價位區域的房子就無法冠上「Proud」的名稱，而是命名「OHANA」。

同樣，住友不動產的最高等級為「Grand Hills」，其他高級

物件就冠上「City」之名。如果是塔式超高層，就命名為「City Tower」，大規模案子，就叫「City Terrace」，中規模的就稱「City House」，木造透天的品牌就叫「J-Urban」。

三井不動產，頂級住宅，又位於極精華地段的建案就取名為「Park Mansion」，高級物件則為「Park Court」，較一般等級的產品則為「Park homes」。大規模案則稱「Park City」，塔式住宅則是「Park Tower」，投資出租小套房則是「Park Luxe」。而木造透天的產品，就叫「Fine Court」。

另外，東京建物的品牌為「Brillia」，東急不動產則為「Branz」，還有伊藤忠的「Crevia」，旭化成的「Atlas」，大京的「Lions Mansion」，大和ハウス的「Premist」... 等。也就是說，你只要看到建案名稱，就大致上可以得知這是哪一間建商，哪一個等級，怎樣性質的產品。因此好的品牌，日後在中古市場價格也會比較保值。

如果一個產品，地點不夠精華，產品不夠好，建商自己也不敢將這產品上冠上頂級品牌之名，因為這個建案品牌名稱，背後代表的，就是社會大眾對於這個品牌價值的認同。換句話說，只要你看到的名稱為「Park Mansion」、「The Parkhouse Gran」的房屋，就可以連想都不用想，買下來就對了（當然前提是價位合理）。

大建商產品規劃就一定好？

雖然說大建商才有財力跟能力可以蓋出大規模的建案，不過大規模的基地畢竟取得不易。有些大建商的案子，看似富麗堂皇、在都心、又有無敵夜景，不過附近環境卻欠佳，甚至生活機能不是很方便。而且建商蓋屋就是為了賺錢，有些案子為了節省營建成本，會採取「オール電化」（全電化大樓），也就是沒有瓦斯管線，浴室採用電熱式衛浴，廚房也採取 IH 調理機能的設計。美其名說是為了預防瓦斯以及火源的使用不當，但說穿了，就是為了節省營建成本。尤其是超高層，多牽一條瓦斯管，耗費的建築費用就多了許多。因此只要是兩房以上的自住型產品，我個人不建議「オール電化」產品的大樓。

此外，不見得大建商規劃出來的產品格局就比較好。有些大型知名建案，房子正中間，梁、柱一大堆，格局也歪七扭八，導致家局配置上非常不方便。但有時候小建商雖然腹地小，但立處精華區域，且產品規劃完善，格局配置容易。因此還是得針對個案詳細分析，挑選適合自己的理想屋。至於建商品牌，那真的就看每個人自己在乎的重點在哪裡了。

除了「建商」以外，「營造商」也很重要

我們台灣講的「建商」，大多指的是負責產品開發，規劃及銷售的「開發商」，日文稱作「デベロッパー（Developer）」。而負責整棟大樓營造興建的「營造商」，日文則稱作「ゼネコン（General Contractor）」。日本業界中的營造商前五名，分別

為「鹿島建設」、「大成建設」、「清水建設」、「大林組」以及「竹中工務店」。這前五名又被日本人譽為是「スーパーゼネコン（Super General Contractor）」，從房屋建設，到公共工程，甚至是海外建設，都有這些營造商的身影。

　　一般來說，如果是這些前五大營造商與上述前幾大的建商（開發商）所合作的案子，大概都會在短期之內就熱銷一空，價格當然也不菲。因此，這樣的案子到了中古市場，價格下落的幅度也有限，甚至有可能將來成為歷久不衰的名宅 Vintage Mansion。

7-4

小心三月交屋潮

　　相信有在日本留學過的朋友，或者即將前往日本留學的朋友，都知道日本的學期制，跟我們台灣不太一樣，因此要去日本留學時，多半要等個半年至九個月之久的空窗期。我們學年度的開始是在九月，畢業是在六月。不過日本跟我們不同。舊學年度的結束是在三月，而新學年度的開始是在四月，也就是剛好是櫻花盛開時期。因此對於日本人來說，櫻雨紛飛時，就是象徵一個新的循環的開始。

　　也因為日本這樣的學期制，所以很多日本的大學畢業生，社會新鮮人都是在一、二月就找好了工作，三月畢業季後，四月就開始上班。房屋的合約也都是大概是三月這段期間最旺盛。也因為簽約都以「年」為單位，因此，日本可以説是二、三月這一段時間，就是搬新家的全盛期，無論租，或者買，或由租轉買都是擠在這段時間。很多家電賣場很聰明，都會趁勢在二、三月舉辦新生活家電特賣會等等，順便衝衝業績。

決算期加上需求潮

　　此外，大部份的建商，會計決算期也都落在這段期間，因

此建商會希望房子儘量在決算前，能夠賣掉，讓財報亮眼一點。也就因為這兩點，賣方跟買方的需求一致，都在三月達到最旺盛，因此許多建商都會趕在三月交屋。聽說甚至有些建商，某些年度在三月交屋的物件，還佔了一整年交屋物件總數的40%，數量驚人。但換個角度想，建商一整年，無論是什麼時候都可以買地，無論什麼時候都可以開工，因此交屋時期也不應該全部落在三月左右才對？也就是說，很多建商會為了財報的數字，硬是要趕在三月前交屋。像是這樣的房屋，你可能就要留意一下，會不會有施工品質較差的情況。

趕工是否趕很大

那要怎麼樣來留意這些建案呢？其實可以多少從建案的廣告看出端倪。一般的建案資料，上面都會有寫「完成時期／竣工時期」以及「引き渡し時期（交屋時期）／入居可能時期」。「完成時期／竣工時期」指的就是建商經過公家機關建築主事的檢查，拿到「検査済み証」（類似我們台灣建管處核發的使用執照）的時期。而「引き渡し時期（交屋時期）／入居可能時期」則是建商將房屋交屋給我們消費者的時期。

一般來說，從「完工」到「交屋」，至少也要 1.5 個月到 2 個月的時間，甚至如果是大規模的超高層，有時高達半年之久。因此，一般的建案會是二月上旬完工，三月下旬交屋，而超高層則有可能是二月完工，拖到七月才交屋。如果你要購買的新建案，是三月上旬完工，三月中旬或下旬就交屋的話，就要稍微留意一下了。因為一般來說，從完工之後，到交到消費者的

手上，還要經過：**施主檢查**（負責開發的建商，檢查施工單位的施工品質）→補修→**施主引き渡し**（施工單位交屋給建商）→**契約者內覽**（我們跟建商買的消費者進去看屋況）→補修→**最終引き渡し**（補修之後，我們消費者確認 OK 之後，才交屋給我們）。因此，上述的流程，要在 10 幾天內跑完，可見多麼草率，因此如果你買的預售屋，是在這個時期交屋，要稍微留意一下內裝的施工品質。

看看工地主任，就可窺知一二

另外，上述「完工時期」接近「入居時期」，影響的，可能頂多就是內部裝潢的問題，但真正重要的問題在於房屋整棟的結構！也就是說，有些建商為了趕在三月交屋，而縮短了原本大樓建造的工時。這時，如果你是預售屋的購屋者，不妨在建造過程中，去工地走走，如果發現施工現場雜亂，也沒什麼清理掃地的話，很有可能就是因為在趕工，所以沒有顧慮到這樣的事情。就算不是因為趕工才導致雜亂，基本上，如果連現場管理都做不好了，那你還期望他能蓋出什麼好品質的大樓呢？

7-5

樓高 15 層的大樓要注意

　　日本的大樓，有四、五層樓的，也有十幾層的，甚至也有不少超過 20 層樓高 Tower Mansion（超高層塔式住宅）。喜歡住哪種，完全見仁見智。有些人怕地震，不敢住太高，我就曾經有日本朋友說，她絕不住在十層樓以上的樓層，她喜歡住在離地面近一點的地方。不過如果希望有豪華大廳，健身房等設備，由於這些東西都很花錢，因此如果不是超高層這種戶數很多的話，往往管理費用上無法負擔。因此現在除了低層、中高層住宅區是樓高四、五層那種以外，現在比較常見的，大概就是十幾樓的產品吧。

建築法規的分界點

　　不過如果你要買的大樓，總樓層數目剛好是 15 層，可能要稍微留意一下這產品的規劃囉。怎麼說呢？依照日本的建築法規來講，大概有三個階段。樓高 31 公尺、樓高 45 公尺、以及樓高 60 公尺以上的。當然，越高樓層的建築，其建造時的法規越嚴格。超過 31 公尺的，就有設置非常用升降梯等義務，而一般超過樓高 45 公尺的，建造時要經過的許可就嚴格許多了，尤其在耐震性能上。而超過 60 公尺的，大概就是樓高 19 樓以上

的產品的超高層，它要取得建築許可，都需要特別的申請手續。因此一般小建商多半沒能力建造這類的產品。

　　也就是因為這樣，一般建商在興建大樓時，會盡量將樓高壓在45公尺之內，以便用較寬鬆的規定來取得建築許可。而45公尺，有良心的建商，會蓋成14樓。建商如果硬要偷的話，只要如果把樓層高度、天花板高度稍微壓縮一下，就可以多擠出一樓，蓋成15層樓的產品，這樣建商就又多出了一層樓的面積可以銷售了。當然，一樣的高度，你把14樓蓋成15樓，室內的高度就會減少許多。許多朋友買房子都只注意到室內的面積，卻忘記了其實如果天花板太矮，住起來也是很不舒服的。我曾經就看過一間都是出租小套房的十幾樓大樓，天花板高度只有2公尺多，待在裡面的感覺就像在台灣的夾層屋一樣，非常不舒服。因此，樓高15樓的大樓，要留意！

7-6

Share House 真好賺?

自從 2012 年真人實境秀 Terrace House 在日本播出後,似乎在日本就掀起了一股 Share House(多人共住一間屋,各自有房間,以及附有公共客廳與廚房)的熱潮。住在有如電視劇中美輪美奐的房屋中,與各行各業不同的朋友互動,就成了時下最流行的一種新的租屋生活型態。因此原本注重個人生活隱私的日本年輕人們,也開始漸漸接受了此一型態的租屋方式,一方面也是為了省房租。

經營辛苦管理難

台灣也有許多人,認為 Share House 高投報,是不錯的投資標的,因而動起了當 Share House 包租公的美夢。例如原本一間租金 15 萬日圓的房子,若把他切成四個房間,一間租五萬日圓,房租立刻升級到 20 萬日圓。不過此一舉動,有點類似我們台灣房東將老舊公寓自己做隔間小套房再出租的行為,當然,這是違反建築基準法的。如果你是按照合法的方式做隔間,不會有什麼問題。不過實際現實上,像是電視劇中那種美輪美奐的房子,終究只存在於電視上。有啦,現在有專門的不動產公司,將一整棟大樓都改建成類似宿舍的 Share House,每間房間都美

輪美奐，也有舒服的交誼廳跟公共空間。不過這種動輒數十億的玩法，實在也不是我們一般投資客能夠玩得起的東西。

　　而且其實 Share House，在實務上，管理以及如何篩選優良的住客，則是很重要的一門學問。如果稍有閃失，很容易造成居住者之間互相不合，公共區域雜亂不堪，導致生活品質低落，惡性循環，劣幣驅逐良幣，好的租客不住了，盡是來一些問題租客。因此 Share House 的高投報，我認為其實是建立在辛苦經營管理之上的。因此我也認為，Share House 不是「投資（坐享被動收入）」，而是「經營（辛苦管理）」。

龍蛇雜處？

　　曾經有一位客人，看上了類似這樣的物件。它是位於新宿歌舞伎町裡面，其中一層樓，裡面格成五間房間出租。投報率換算起來，將近有 15% 之高。哇！現在東京哪裡找得到這種立處精華區，又高投報的產品啊！客人愛得要死，一直要出價叫我幫他談。不過我告訴他，這個物件敝公司不做，你去找別人吧。疑？幹嘛有錢不賺呢？原因有三。

　　第一、位於歌舞伎町裡面，你想也知道他裡面的房客大概會是怎樣的人。

　　第二、要買的客人不會日文，人在台灣，勢必物件往後要交給我們管理。很抱歉，我實在沒有能力與這種份子打交道。可能要去催繳個房租，我就會先被打趴在地上。這種物件，可

能需要「較有能力」的公司，才有辦法管理，我坦承我無能。

　　第三、這樣的租客，發生的紛爭絕對超乎你的想像，吸毒，竊盜，天天開雜交趴……當然，這些情節並不是我的想像。下面的故事全部都是真實的報導。記者實際調查的幾個案件，每個案件都讓讀者瞠目結舌。到底發生了怎樣驚世駭俗的事情呢？讓我們舉其中三個案件來看看：

第一個故事：髒亂

　　第一個案件，為住在練馬區月租 18,000 日圓 Share House 的 28 歲男性。雖然這棟 Share House 規定，所有的租客必須要輪流打掃浴室廁所，但是租客道德淪喪，沒人掃，導致廁所浴室髒亂不堪，甚至有人直接在浴室裡面尿尿，使得浴室裡面有小便痕以及發霉。整棟房子裡面還飄著異臭。雖然有管理員，不過管理員也是一星期才來一次，並且只是在門口放放衛生紙等補充用品而已。此外，還有沒水準的住戶，直接將整捲衛生紙全部佔為己有，拿去自己的房間用，搞到上廁所都沒有衛生紙可用。加上雜亂噁心，所以受訪者每次要上廁所，都只好跑去附近的便利商店（日本的便利商店，大部分有設置廁所）。這位 28 歲的租客，試圖想要跟其他的住戶溝通，但是每個人看起來都凶神惡煞的。他也曾想過，乾脆就自己掃一掃好了，不過越想心裡越不平衡，都是其他人弄亂的，他為什麼要清呢？就這樣惡性循環，永無止盡。

第二個故事：竊盜

第二個案件，為住在大阪市內月租 15,000 日圓 Share House 的 27 歲男性。他遇到的情況也頗誇張。就是自己的電腦被其他室友盜用，並登入網路銀行，被盜領了 20 萬日圓。其他的室友則是 DVD 或遊戲軟體等被偷走，搞到最後，室友們之間生活諜對諜。到最後還是他們裝設監視器，才抓出這個害群之馬。不知道這個犯人是太笨還是怎樣，這種事情想也知道早晚會穿幫，居然還去做這種無腦的事。

第三個故事：雜交

第三個案件，頗為誇張。這是住在東新宿月租 38,000 日圓的女性。東新宿，想也知道都住怎樣的人。因為這裡就是靠近歌舞伎町一帶，因此入住的不是酒店小姐，就是外國人，也有少數是外國留學生。這名女性有天早上在房間，聽到外面有女性的怪聲，一走出房間，才發現她的女性室友正在走廊跟三名陌生男子正大玩 4P，廁所中散亂著保險套跟嘔吐物。真的不知道這裡到底是 Share House 還是 Sex House。

問題層出不窮

像是這類的 Share House，由於入住的份子複雜，又有許多是經濟上較弱勢的外國人，因此糾紛不斷。而且這種便宜的隔間，也因為隔音不良，更容易導致住戶之間的心結與不爽。此外，各國文化上的差異也很大，報導中就指出，有個韓國人吃

泡菜，被德國人罵臭，結果兩個人一言不合就大打出手。也有情況是四個朋友一起承租一間房，大家鬧不和，其中一人想搬走，結果因為這樣另外三個人房租會變高，搞到最後想搬也搬不走，還被另外三人強迫付了兩三個月的房租以補貼損失。

看來不管你是留學生，要來日本住 Share House，還是投資客，要來日本投資 Share Hosue，都要特別小心。當然，如果你住在日本，也有辦法經營 Share House，這也何嘗不是一門好事業。但也別忘記了，2018 年初剛爆發了 1-9 節所提到的「馬車公司」事件，現在市面上 Share House 的供給量從 10 年前的 1000 棟，暴增到 4500 棟。削價競爭互相搶客很有可能發生。屆時是否真的有比一般的正常出租房划算？那就看你的經營手腕囉。只不過，我會寧願選擇投報率較低的出租房，乖乖收房租就好。祝各位投資愉快。

7-7

短租民泊，沒你想像中的容易！

訪日觀光客與日俱增，2013 年時也才 1000 萬人左右，但到了 2017 年已經成長到了 2800 萬人大關，更有專家大膽預測，2020 年奧運時，很有可能突破 3500 萬至 4000 萬人。人數突然暴增三、四倍，現有的旅館飯店當然供不應求。東京都內的商旅住宿費，在 2010 年時也大約是一晚一萬日圓左右而已，但近幾年已經飆漲至三萬日圓左右！

Airbnb 投資夢碎？

而近幾年共享經濟當道，可將自家的空房 PO 上網出租給觀光客的媒合網站「Airbnb」也因此在日本爆紅。由於飯店難訂，價格又高，因此許多旅日觀光客乾脆就將目光轉移至 Airbnb 訂房，這也就是日本俗稱的「民泊（みんぱく）」。

其實嚴格來講，「反覆將自己的房屋短期出租給別人」的行為，在日本是違反「旅館業法」的。但因為把自己手中的房屋做成短租套房出租給觀光客，可以獲取的報酬，比起正常將房租出租所收得的房租，至少高出三倍，也因此許多人就這樣遊走法律邊緣，也要將自己的房屋拿到 Airbnb 上出租。

　　早期，即便這樣的行為是違法的，但因為做的人不多，周邊居民沒有去抗議，其實倒也沒有衍生出太大的問題。但隨著觀光客越來越多，這門生意似乎越來越好賺。而且只要你有房子，你會使用網路就可以做，入行的門檻極低，因此開始做民泊的人也越來越多。人一多，衍生出的問題就多。而且因為民泊的價位比起飯店便宜，因此入住的外國人，素養普遍不高。就常常會有外國人在住宿處附近大吵大鬧、亂丟垃圾，甚至有還有半夜玩到太 High，認錯房間，猛敲隔壁鄰居的門……。甚至有些民泊是在安靜的住宅區，但這些外國觀光客卻大聲喧嘩，拖著行李箱發出巨響。如果只有一次、兩次也就算了，但因為民泊是持續經營的，走了一批還有下一批，也因此，當地居民對於自家附近的民泊越來越反感，於是社會大眾就開始督促政府正視民泊亂象。

住宅宿泊事業法（民泊新法）

　　政府為了因應即將到來的東京奧運以及日益劇增的觀光客，同時有個明確的法令來規範這些民泊業者，終於制訂了新法。2018 年 6 月 15 日開始實施的「住宅宿泊事業法」（民泊新法），讓非旅館業者的個人，也可以「合法地」將自己的房屋或其中一間房間短期出租給旅客住宿。

新法內容大致為：欲經營民泊者，需另應外向都道府縣提出申報（屆出）。但各自治體有權訂定條例限制區內民泊的營業日數、營業期間等。且每個大樓的管委會（管理組合）亦可自行修訂管理規約來禁止大樓的房間作為民泊使用，因此並不是每

個地方的每間大樓都可以拿來經營民泊。

雖然看似民泊合法化，但當地居民仍無法忍受短租客不特定多數進出大樓，製造噪音與垃圾。這也讓東京都內絕大多數的區分所有住宅，趕在民泊新法實施前，透過所有權人會議，明文禁止在大樓內的短租行為，違反者甚至可強制驅離。

此外，即便大樓管理規約沒有明文禁止民泊，但根據民泊新法的規定，也只能最多經營 180 日（特區民泊除外）。只能經營半年，這也代表著投資報酬率整整少掉了一半。再加上有可能的空屋期，將大樓裡的房屋拿來經營民泊，已經不再具有任何吸引力，直接正常出租還比較輕鬆。就這樣，民泊新法的日數限制，再加上管委會的強勢更改規約，也讓這些在大樓內經營民泊的業者，全數陣亡！

不過想要經營民泊，其實還有兩招。一個是在國家戰略特區內做，另一個則是找木造透天，並申請成「簡易宿所」。

國家戰略特區中的「特區民泊」

國家戰略特區，指的是安倍政府在 2013 年時為了提升國家的經濟成長所劃定的經濟特區。而所謂的特區民泊，指的就是房屋位於「國家戰略特區」內，且被認定可以經營外國人短租事業（目前東京都僅有大田區）的民泊。有別於民泊新法，特區民泊可以不受到 180 天的營業限制。但房屋必須符合 25 平米以上的大小，住宿者停留日數也必須在三日以上，此外，還必

須向鄰里住戶詳細說明事業內容，方可經營。雖然特區民泊內的大樓型區分所有住宅，法律上是可以做短租民泊的，但如果管委會明文禁止，那一樣是死路一條。

旅館業的「簡易宿所」

如果你的房子是獨棟透天，沒有管委會，則可以考慮使用「旅館業法」當中的「簡易宿所」來申請。比起民泊新法，簡易宿所可以經營的日數就沒有 180 天的限制，且不像特區民泊這樣停留日數要 3 天以上。但物件有一定的大小限制（33 平米以上、或 3.3 平米乘上住宿人數），並且要有合乎規定的換氣設備跟入浴設備。

由於「簡易宿所」屬於旅館業法，因此並不是所有地方的透天厝都可以申請，必須合乎「都市計畫法」當中核准經營旅館的「第 1 種住居地域」、「第 2 種住居地域」、「準住居地域」、「近隣商業」、「商業」、「準工業」等地區（參考 4-7 節表格）才可以申請。且在「建築基準法」上，也必須提出「用途變更」的申請。另外，還得符合「消防法」的規定。申請時，必須先去主管機關洽詢，提出申請書、格局圖、配置圖、管線圖⋯等，申請後主管機關還會來當地檢查設備以及審核，申請程序繁雜且困難。如果你人不在日本當地，可能也只能委託相關業者來辦理了。

7-8

賣小套房的故事～中間省略賺很大!

奇怪!為什麼明明就是同一間小套房,但我委託仲介售屋,開價 850 萬日幣賣半年賣不掉,但別人卻可以賣到 1000 萬日幣以上呢?感謝各位讀者購買本書,最後一節,就讓我來講個故事給大家聽,了解日本的不動產流通市場的真實吧。

故事開始

最近有許多四、五年前投資東京小套房的小資族,開始想要獲利了結售屋。當初,我這間小套房大概買了 600 萬日幣,收租穩定。這段時間,我也常常看 TiN 的網站,關心一下自己的投資。因為 TiN 都説東京房價一直漲,新聞很像也都這樣報,因此我就查詢了一下我房屋同地段附近小套房的開價。待售的物件大多開價八、九百萬日幣左右,現在已經完全找不到開價六、七百萬的物件了。也就是説,我現在拿出來賣,開價 850 萬可以説是合情合理,誠意十足的價位。我委託的仲介,人也很好,也很誠實地在幫我賣。他們也確實有在網路上幫我的房屋打廣告。但很奇怪的是,賣了半年,就是賣不掉!

專門買房屋來轉賣的業者

　　賣了半年多後，心也死了。可能是價位真的開太高了吧！這時，剛好有專門收購小套房來轉售的地產公司來詢問，問說願不願意將房子以 750 萬日幣的價位賣給他們。詳細瞭解了一下這間公司的經營模式，其實就有點類似中古車銷售一樣。將中古車（中古屋）便宜收購，然後經過重新整修（包裝）後，再銷售給末端消費者。也就是說，如果把房屋賣給他們的話，就必須跟他們簽署「中間省略」的合約，也就是台灣俗稱的「三角簽」。這種合約，就是仲介公司(B)，把屋主(A)的房屋便宜簽下來後，再高價轉售給第三者(C)的買賣合約。但過戶登記的時候，並不是做兩次的產權過戶登記(A)→(B)，然後再(B)→(C)。是直接(A)→(C)，跳過了中間的轉售公司(B)。因此(B)公司就可以不需負擔登錄免許稅（但仍要繳所得稅）。

　　日本的中間省略，不同於台灣的是：台灣的三角簽，多半都有點是仲介坑殺屋主，然後再高價轉售賣給賣方的詐欺嫌疑，但日本的三角簽（中間省略），買賣的合約上都會註明這個物件將來會登記給第三者。也就是說，賣的人(A)知道買的公司(B)就是買去轉售的，且最後買的第三者(C)，也知道自己買來的產品是中間這間公司去批下來的貨。因此無論是(A)還是(C)都知道這間公司(B)就是明著來做：「我們就是便宜買下，高價轉賣的」！

業者買 750 萬，轉賣 1100 萬？

嗯，很好，很誠實。一個願打，一個願挨。接下來我就追問公司的業務說：「那你們 750 萬買下後打算多少錢轉賣？」。沒想到那業務人員居然也不避諱地說：「大概就賣個 1000 萬到 1100 萬吧！」

媽呀！怪了，我辛苦賣了大半年，850 萬賣不掉，現在你們這公司居然耍白痴想要買來賣 1000 萬？會不會太天真了？算了，反正本來就心已死，打算降價降到 800 萬的。到時候再被殺一下價，大概也是 750 萬左右成交。反正我才買 600 萬，賺了五年的租金，又多賺了 150 萬的價差，算是很成功的投資了。那就賣給他們吧！反正，只要約簽下去了，到時候就算他們賣不掉，三個月的履約期限一到，那間笨公司還是得付清 750 萬給我，然後他們自己吃下這個燙手山芋囉，嘻嘻嘻！於是…就在我充分了解所有的交易流程跟細項後，就把合約給簽下去了。

拿到了頭期款，心裡暗爽！這個物件難收租，又難賣，之前空屋期還有夠長，能夠 750 萬賣掉，實在是我的福氣。那間公司大概是不夠專業，就算他們有辦法賣掉 800 萬，其實也等於是做白工而已。這次他們跟我簽這個合約，可以說是踩到雷了吧！

一個月後，高價賣掉了！

過了一個月，這間不動產公司打電話來了。「屋主先生，

您下個星期有空嗎？我們要跟您清算購屋的款項，準備交屋囉！」「什麼？你們已經賣掉了啊？」我問。「是啊，我還特地跑去大阪簽約呢。」

（大驚）！這是什麼道理？為什麼我賣 850 萬，賣了大半年賣不掉，但對方公司一個月就可以把它賣掉，然後買空賣空，直接拿 (C) 付的錢，就可以付清應給我 (A) 的尾款，然後一下子獲利 300 萬？？也太好賺了吧！難道，他們真的比較厲害嗎？

沒錯！為什麼這間不動產轉賣公司能夠有這樣的獲利？我死纏爛打纏住我的專員，跟他逼問了一下。他說：「這種投資型的產品，在正常的情況下，若只是放到市面上販售，是不會有人要買的，因為小套房的效用低，只有投資的功用」。「以前是因為台灣跟香港的小資族猛搶，需求旺盛，因此合理價位的小套房一下就被搶購一空。而現在呢，買小套房的海外投資客變少了，雖然日圓便宜，但小套房沒有人搶，沒有了那股熱潮，儘管價位合理，但就是不容易賣掉。因為，正常的情況下，日本人是不會自己走進房仲店說要買小套房的」。

銷售，是一種專業

「那……你們怎麼那麼厲害？怎麼賣的呢？你不是說日本人不買嗎？」我問。「是啊，一般日本人並沒有買小套房投資的需求啊，但我們的工作，就是創造需求。沒有這個需求，就去把它創造出來啊」。「其實這就跟一般的商品是一樣的邏輯。幾十年前，戰後復興的時候，物資供給不足，但需求旺盛，產品只要生產，就很容易銷售。但現在不一樣了，現在的時代，

反而是生產過剩,而需求不足。這樣的情況下,要把自家的產品銷售掉,只能努力做到差異化,或者弄一些行銷小手段。例如買一送一,或第二件打折⋯之類的。讓原本只有買一件需求的人,去買兩件」。「賣投資型的小套房也一樣,買的人絕對不會有買來自用的需求,因此就需要把它包裝一下,讓他買啊。」

金融情勢造英雄

「怎麼包裝的,能夠教一下嗎?」我又問。「哈哈,主要還是因為現在日銀的負利率跟量化寬鬆政策,讓現在借錢很容易。像我們這種比較大型的不動產收購公司,因為營業額也高,交易也頻繁,因此就有辦法跟二、三線銀行談,讓我們的客戶只要透過我們買屋,貸款成數可以拉高到 90%,甚至還可以100% 全額貸。但如果你是一般的消費者自己去仲介店找房,自己再去找銀行談貸款,這種小套房大概都談不到這麼好的條件。也就是說,能不能賣高價,其實就是看是誰賣的囉!」。「此外,我們公司好幾位業務人員,常常要去外縣市開大型的投資說明會,好好洗腦這些有閒有錢,又想要投資,又比較不了解東京市場的人,不時還要用一些心機跟招數,才可以讓他們買單」。「雖然說他們買比較貴的價位,但因為透過我們,等於是不用拿出頭期款。只要租金扣掉房貸,現金流可以為正,其實對他們來說,就只是簽個名而已,就可以多出一棟房子收租,其實算是不錯的投資呢!這就是我說的包裝囉。至於以後他們售屋時,會不會賺了租金,賠掉房價?這就不在我們考量的範圍了。而且,房屋本來就會折舊,大部分的日本人都認為,賣房子本來就是會賠錢的啊!」

故事結尾

唉，其實想一想，我只是個小資散戶投資客，能夠靠時機來賺到 150 萬的價差跟五年的租金，這個投資已經算是很成功了。從 750 萬到 1050 萬的這段獲利，與其說是房價漲價的資本利得，倒不如說是不動產公司的銷售技巧而來的。這筆錢，我還真沒有本事賺到。想賺到這一段，可能要先開一間房屋買取公司，跟銀行搏感情，打點好關係後，每個月人事成本好幾百萬，場地費用好幾百萬，一個月買進十幾間，承擔幾十億的債務風險，才有辦法賺到這段的價差了……。祝各位讀者投資順利賺大錢，本書完。

特 別 篇

海外機構買家
東京房地產動向

東旭國際

8
Special

特別篇

海外機構買家東京房地產動向
------ 東旭國際

　　2012 年底，安倍上臺開始了寬鬆的貨幣政策及積極的財政政策。還有申報了 2020 年東京奧運成功後，很多海外法人就開始觀察東京這個被低估的國際一線城市的房地產了。

　　2014 年，由黑石集團 (Black Stone) 開啟了這波海外機構買家投資東京的風潮。黑石以 16 億美元買入東京 200 棟出租公寓大廈，隨之而來的是臺灣的上市公司。如燦坤集團於 2014 年 11 月以 40.5 億日圓購入兩棟新宿附近的住宅。臺灣藍天集團（中國的百腦匯）也於 2014 年 10 月購東京都心五區 3 棟住宅物業，合計 107.48 億日圓。而在中國經營寶萊納（德國啤酒連鎖餐廳）的臺灣南僑集團也於 2015 年 2 月以 10 億日圓購入了新宿車站附近的一個旅館用地。準備進軍東京，賺取奧運財。然後歐系的挪威主權基金，新加坡政府基金 (GIC)，中國平安保險以及香港的匯基資本，也於 2015、2016、2017 分別以更大手筆購入東京的整棟物業。以至於 2017 年全年東京房地產市場成交量，海外機構法人占了全體交易量的 24%，創下了雷曼風暴以來 (2008 年)，海外買家進入東京市場的新高。2017 年海

外機構買家總計投資東京不動產金額達到一兆 580 億日圓，比 2016 年足足翻了兩倍。如下表：

機 構	物 件	金額 (億日元)	交易時間
黑石集團	約200棟出租公寓	16億美元	2014
臺灣藍天集團 (中國的百腦匯)	東京都心五區3棟住宅物業	107.48	2014年10月
臺灣燦坤集團	新宿附近2棟住宅	40.5	2014年11月
臺灣南僑集團	新宿車站附近一個旅館用地	10	2015年2月
黑石集團	東京500套住宅	1900	2016
新加坡基金	東京車站正門前的丸之內大手町 等金融街購買高級寫字樓	1700	2016
中國復興集團	品川車站附近買了一棟總部辦公室	700	2016
新加坡政府投 資公司GIC	東京灣希爾頓酒店	1,000	2017
	新宿MAYNDS TOWER部分所有權	625	2017年9月
安邦保險集團 (中國)	約200棟出租公寓大廈	2600	2017年
挪威主權年金基金	5棟表參道、原宿的商業大樓	1,325	2017年
基匯資本(香港)	港未來 CENTER大樓	1,325	2017年
GreenOak(美國)	GINZA SIX 8樓的辦公室樓層	200	2017年
美國堡壘基金 (Fortress Investout Group)	東京500棟就業促進住宅	250	2017年7月

　　東京房地產從 2013 年開始的第一個初升段，海外買家應該是由台灣信義房屋帶動的臺灣中產階層赴日投資的風潮。然後 2015 年開始香港人，新加坡人加入購房行列。中國買家從 2016 年才因為日本政府對華觀光簽證的放鬆，逐漸進入市場。

　　但是，隨著日本宏觀經濟的逐步改善，更多的法人買家在東京房地產漲勢確立後開始真正進入東京房地產。除了華人法人買家外，韓國買家也是東京房地產整棟購買的新興勢力。

　　為什麼從 2013 年開始，海外買家開始紮堆東京不動產呢？從法人的角度看各地的房地產，該國宏觀經濟的主要指標 GDP 跟 CPI 的成長是最重要的觀察指標。

　　隨著日本的經濟逐步復甦，GDP 呈現 28 年最長的經濟復甦 (as of 2017 年末)。日本的 CPI 從 2017 年 5 月後，由負轉正。2018 年 3 月份來到了 1%，離日本央行 2% 的目標，逐步接近中。因此從日本近幾年的經濟表現來看，是可以期待不動產的增值的。

　　本公司於 2012 年來觀察到東京房地產價格遠遠低於同級別的各國或各區域國際一線城市的價格 (如上海、香港、新加坡、臺北)。這種奇特的現象。於 2013 年著手研究日本宏觀經濟及東京房地產。得出了一個初步的結論，並於 2013 年末開始入手投資東京核心五區的整棟住宅房地產。

　　由於東京是一個非常成熟的市場，成為這個市場的玩家，除了要懂宏觀經濟跟地產發展外，還需要知道東京當地房地產關鍵的成功因素。

　　有幸的結識了 TiN(本書作者)，這位旅日房地產達人。透過了他的廣泛交流及協助，使我們能夠趨吉避凶。避開不合適的地點、產品。尋找蛋黃中的蛋黃。從而使公司在東京的投資比較順暢。然而，從宏觀經濟的大趨勢及人口流入的狀況，東京房地產從 2013 — 2017 年開始了它的初升段。但是在這段上漲期間，也不是所有投資東京房地產的人都全部賺到錢了。原因是東京房地產已經是一個經過幾回輪回整理的非常成熟的市場了。不像臺北、上海這些城市，市區、郊區漲勢時都會齊漲齊跌。從 2013 年起漲到現在 4 年期間，某些區域的房子説不漲就不漲。某些錯誤的產品説不漲也真的不會漲。所以透過 TiN 的常駐東京的實戰經驗來給我們指導，我們公司真是受益良多。

　　除此之外，整棟物業的買賣，對於海外法人投資者來説，還是比單戶購買複雜的，外國機構投資進入日本市場也需要非常的小心。比如説登記的法令、法規，進入時的稅賦，持有物業期間的稅賦，以及將來賣出時的稅賦。銀行貸款的政策及如何選定合適的銀行進行融資，降低利率，提高投資績效，甄選好的 AM 公司 (資產管理公司)，及好的 PM 公司 (物業管理公司) 是法人持有整棟案件期間非常重要的合作夥伴。所幸，日本社會分工非常細膩，房地產外包服務鏈非常完整。而且一般日

本企業的誠信度都很高，大大降低了投資人的擔心。也從而使國外基金更容易的融入當地的環境進行投資。

關於民泊：

近年海外富裕階層能夠利用投資整棟民泊 (Bed and Breakfast)，辦理經營者簽證。辦理日本永住權 (PR、綠卡)。一方面享受賺取奧運財帶來的房地產收益紅利，一方面可以申請綠卡。多了一個附加價值。對於中國或港臺富裕階層，其實是一個很大的誘因。

但是日本的民泊法規定非常繁瑣，而且不同區域有不同區域的規定。整棟購買總是一個比較大的投資。如果沒有搞清楚狀況，僅聽仲介業者的一面之詞很容易使自己身陷於進退兩難的處境。這一點，要特別的提醒讀者。

法人購買心得：

法人或富裕階層整棟投資東京不動產也要遵照 TiN 的心法，未買前先想怎麼賣？賣給誰？

就是日本人說的先想好「出口策略」：

出口策略關鍵字：

1、投資物業金額的大小

a、10 億以下接盤人的是富裕階層，包括海外及日本境內的接盤人，這些接盤人的購買目的主要是：

(1) 海外富裕階級作為資產佈局之用。

(2) 日本富裕階級作為贈與或遺產分配之用，這類物業接手性強。

(3) 現在又有奧運的契機，海外富裕階層透過投資整棟物業，經營民泊，從而取得經營者簽證，申請永住（綠卡）。這類的物業接手性比較強。

b、20 億以上的接盤人就是海外基金，海外上市公司日本 J-Reits，日本財團或日本財團的私人的資產管理公司。上了 30 億資產價格的資產接手性也是很強的。

c、10 — 20 億的這類資產，對於初入手的海外富裕階層投資門檻有點大。對於日本富裕階層來說，買來節稅贈與或遺產物業的標的金額過大無法達到節稅效果。但是對機構法人而言，規模太小，不夠經濟規模（法人，如果能花 30 億買一棟資產來管理，為什麼要花兩倍的功夫來買兩棟 15 億的資產來折騰）所以這類資產的接手性稍弱，但是如果你入手時資產價值是 15 億日元，期待持有 5 — 7 年，物業漲到 20 億了，那就會落到上述法人投資的區域，變得接手性強，就比較好賣了。

2、投資架構

海外投資進入日本市場，必須明白大部分的整棟購買的接盤，用何種方式交易不動產才合適？由於未來接手的投資者不同，從地域上分，有海外跟日本境內；從接盤者性質分，

又有分法人跟自然人、法人跟法人的交易，還有自然人跟自然人的交易的架構不同。所以在選擇投資架構時，就要預先想好出口策略，你的下家是哪一類的投資者。做成接手投資者接盤容易接受的架構。這樣，日後要出手賣時，去化速度可以快很多，價格也可賣的比較好。

3、融資：

房地產是資本密集的行業，融資的低利率的話，對投資人來說更有加分作用。銀行融資依照企業登記在何地，可以跟該區域在東京的分行進行貸款。也能善用投資架構選擇信託模式，跟日本銀行貸款，貸到低於 1% 的利率也是非常可能的。

4、稅賦：

影響投資報酬率另外一個重要的因素就是稅賦。日本的企業所得稅、讓渡所得稅、源泉所得稅都是比較高的。如何在設立投資架構時，設立一個進入時稅賦最低，持有時租賃所得稅最低，退出時，增值稅最低的架構，也是投資能否成功的關鍵因素。

**欲獲取更多機構法人動向，
請關注東旭國際微信公眾號**

國家圖書館出版品預行編目資料

地表最強！TiN's 東京房市教戰手冊 /陳適群
-- 初版-- 臺北市：博客思出版事業網：2018.09
面；　公分
ISBN：978-986-96385-9-3(平裝)
1.不動產業 2.投資 3.日本東京都
554.89　　　　　　　　　107010682

投資理財 12

地表最強！TiN's 東京房市教戰手冊

作　　者：陳適群
編　　輯：楊容容
美　　編：陳郁屏
封面設計：陳郁屏
出 版 者：博客思出版事業網
發　　行：博客思出版事業網
地　　址：台北市中正區重慶南路1段121號8樓之14
電　　話：(02)2331-1675或(02)2331-1691
傳　　真：(02)2382-6225
E—MAIL：books5w@gmail.com 或 books5w@yahoo.com.tw
網路書店：http://bookstv.com.tw/　http://store.pchome.com.tw/yesbooks/
　　　　　三民書局、博客來網路書店 http://www.books.com.tw
總 經 銷：聯合發行股份有限公司
電　　話：(02) 2917-8022　傳　真：(02) 2915-7212
劃撥戶名：蘭臺出版社 帳號：18995335
香港代理：香港聯合零售有限公司
地　　址：香港新界大蒲汀麗路36號中華商務印刷大樓
　　　　　C&C Building, 36,Ting, Lai, Road, Tai,Po, New,Territories
電　　話：(852)2150-2100　傳　真：(852)2356-0735
經　　銷：廈門外圖集團有限公司
地　　址：廈門市湖里區悦華路8號4樓
電　　話：86-592-2230177　傳　真：86-592-5365089
出版日期：2018年 9月 初版
定　　價：新臺幣 350元整（平裝）
ISBN：978-986-96385-9-3